FRIEDRICH WOLF (1888–1953)

JÜDISCHE MINIATUREN
SPEKTRUM JÜDISCHEN LEBENS
Herausgegeben von Hermann Simon

Band 78 FRIEDRICH WOLF

Mein Dank gilt Prof. Dr. Thomas Naumann für seine ideelle und finanzielle Unterstützung dieser Miniatur, H. M.

Ganzer Straße 10, 16866 Teetz und Berlin

Druck: Brandenburgische Universitätsdruckerei und Verlagsgesellschaft Potsdam mbH

1. Auflage 2009
Printed in Germany
ISBN 978-3-938485-90-3

HENNING MÜLLER

FRIEDRICH WOLF

1888–1953

DEUTSCHER JUDE – SCHRIFTSTELLER SOZIALIST

HENTRICH & HENTRICH

STIFTUNG NEUE SYNAGOGE BERLIN
CENTRUM JUDAICUM

Erich Viehweger: Friedrich Wolf. Ölgemälde (1972)

Inhalt

Vorwort

Auch zwanzig Jahre nach den Ereignissen des Jahres 1989 habe ich den Eindruck, dass Friedrich Wolf in den alten und in den neuen Ländern noch immer nicht gleichermaßen bekannt ist.

Um es ganz einfach auszudrücken – und ich habe die Probe aufs Exempel in den letzten Monaten immer wieder gemacht –: Friedrich Wolf kennt man in Berlin-Pankow, nicht aber in Steglitz-Zehlendorf.

Das hängt vornehmlich mit seinem in den neuen Bundesländern in meiner Generation bekannten Drama »Professor Mamlock« zusammen, das Schulstoff war.

Die Generationen nach mir wissen auch in den neuen Bundesländern mit Wolf nicht viel anzufangen. Dennoch: Viele kennen wenigstens »Die Weihnachtsgans Auguste«.[1]

An »Professor Mamlock« erinnere ich mich noch deutlich, vor allem wann und auch wie wir dieses Stück in der Erweiterten Oberschule im Jahre 1963 behandelt haben.

Wenn ich mir die Mitschriften aus jener Zeit ansehe, dann war es schon gelegentlich abenteuerlich, was uns da vermittelt wurde: Mamlocks »Untergang ist nicht nur ein Symptom des Rassenwahns, sondern ein Symbol für den Verfall der bürgerlichen Welt«. Oder: Friedrich Wolf »fälscht« in der Auseinandersetzung von Professor Mamlock mit seinem Sohn Rolf »das Klassenproblem in ein Generationsproblem«.[2]

Jenes Drama, so haben wir damals allerdings richtig gelernt, nimmt in der deutschen antifaschistischen Literatur eine Sonderstellung ein, weil es die wohl früheste antifaschistische Dichtung ist.

In meiner Schulzeit war vor allem von dem Kommunisten Wolf die Rede; der Jude spielte eine geringere Rolle.

Als sich der Autor der vorliegenden Miniatur, Henning Müller, im Jahre 1988/89 vornehmlich mit dem Jüdischen bei Wolf beschäftigte, war der

---

1 Vgl. Fritz Baumgardt, Zum 120. Geburtstag und 55. Todestag – Friedrich Wolf, in: Medium (Caritas-Klinik Pankow) 37/12/2008, S. 15.

2 Der bekannten Autorin Sabine Kebir, Berlin, die in der 2. EOS Berlin-Mitte meine Banknachbarin war, danke ich herzlich, dass sie mir ihre damaligen Mitschriften zur Verfügung gestellt hat.

Gegenwind von den Stalinisten um den Chefideologen des DDR-Politbüros, Kurt Hager, stark.
Er hatte bereits im Vorfeld versucht, Müllers Forschungen zu verhindern, was aber nicht gelang. So reichte Henning Müller, der »BRD-Bürger«, in der DDR eine Habilitation – damals Dissertation (B) genannt – zum Thema »Jüdische Traditionslinien bei Friedrich Wolf« ein.
An die Verteidigung der Arbeit am 5. Oktober 1989 erinnere ich mich noch sehr genau. Keine Verteidigung, sondern eine Anklage war die spukhafte und Angst machende Veranstaltung, die in der ZK-»Akademie der Gesellschaftswissenschaften« stattfand und in deren Verlauf Müller »geschlachtet« und der »Abweichler« auf den rechten Weg gebracht werden sollte. Um den Inhalt der Arbeit ging es nicht. Ein Knistern war im Raum zu spüren, und mir läuft es kalt den Rücken herunter, wenn ich daran denke.
Wolf sei schließlich »vor allem Kommunist« gewesen, meinten Müllers Gegner, die sich formiert hatten. Dass hinter dieser Trennung zwischen dem *Juden Wolf* und dem *Kommunisten Wolf* die traditionelle Ansicht der verbohrten Ideologen stand, Kommunist sei eine qualitativ höhere Stufe als Jude zu sein, begriffen 1989 weder Herausgeber noch Autor der vorliegenden Miniatur.
Besonders empörte mich damals ein ganz sicher von Hager Vorgeschickter, der während der Verteidigung öffentlich behauptete, die vorgelegte Arbeit über »Jüdisches bei Wolf« bringe wissenschaftlich nichts Neues, folge einfach einem »Modethema«. Kritisch wurde es, als sich Müller diesen Begriff verbat. Dass ich durch einen kurzen Diskussionsbeitrag Müller damals den Rücken gestärkt habe, macht mich noch heute froh.
Henning Müller, der durch eine Reihe von Umständen, auf die hier nicht näher eingegangen werden soll, die Verteidigung dann doch relativ unbeschadet überstand, ist seinem Thema treu geblieben.
Das Ergebnis wird nun in diesem Band der Jüdischen Miniaturen vorgelegt. Mögen die Leserinnen und Leser angeregt werden, sich mit dem deutschen Dichter Friedrich Wolf, für dessen Schaffen sein Jüdischsein stets von großer Bedeutung war, zu beschäftigen. Wolf analysierte punktgenau und zeigte Gesicht; eine Tugend, die heute mehr gefragt ist denn je.

Hermann Simon
Herausgeber der Jüdischen Miniaturen

Vorbemerkung

»Mit großer Rührung habe ich nach dieser furchtbar langen Zeit ihren Brief... empfangen und daraus ersehen, daß und wie Sie leben. Ich entsinne mich noch sehr gut, wie Sie mich als Gymnasiasten behandelten und in unserem Haus verkehrten. (...) Auch ich bin von meiner Familie der einzige Überlebende, seltsam, daß meine anderen Verwandten, die ordentlichen Staatsbürger mir als Politiker immer die Kugel oder den Galgen voraussagten. Ich bin froh, daß meine Eltern wenigstens vor 1933 starben (...) Ich hoffe, daß Sie noch eine Zeit diese ›beste aller Welten‹ besiedeln helfen, und *da 6000 Jahre uns nicht vernichten konnten*, so hoffe ich, daß Sie wenigstens noch die nächsten zwanzig überdauern.«
Diesen Brief schreibt Friedrich Wolf am 5. Februar 1951 an Dr. Lichtenstein, den jüdischen Hausarzt der Neuwieder Familie Wolf[1] – und weiß da schon, dass in seiner Heimatstadt etwa 200 Juden Opfer der Shoa geworden waren[2] und dass auch engste Verwandte in faschistischen Vernichtungslagern ermordet wurden.
Der Brief an Lichtenstein folgt der jüdischen Zeitrechnung* und ist nur einer der Belege dafür, dass sich der Dichter bis ins Alter hinein zu seinen jüdischen Vorfahren bekannt hat. Friedrich Wolfs Persönlichkeit, sein künstlerisches Gesamtwerk, seine politische Publizistik und kulturpolitische Tätigkeit weisen spezifisch jüdische Traditionslinien auf, die in verschiedenen Lebensabschnitten zwar verschiedene Aus- und Überformungen zeigen, für die Wolfsche Weltsicht und Lebenspraxis aber unverzichtbare Konstituierungsmerkmale beinhalten.

* Der 5.2.1951 entspricht dem 29. Schwat 5711.

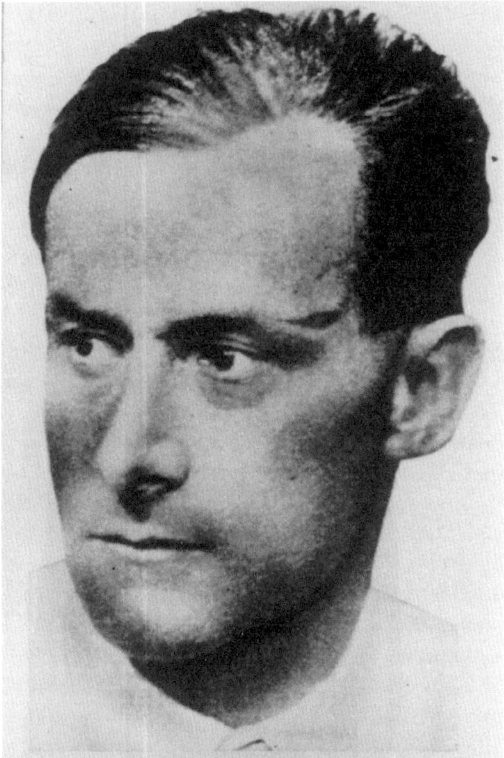

Doktor Friedrich Wolf, der bekannte Stuttgarter Arzt und Schriftsteller wurde wegen des „Verdachtes der Mittäterschaft" an Verbrechen gegen den Mordparagraphen 218 verhaftet. Friedrich Wolf, der durch sein gegen diesen Paragraphen gerichtetes Drama „Cyankali" einen mutigen Kampf einleitete, hat sich damit den Haß der Reaktionäre aller Schattierungen zugezogen. Seine Verhaftung muß für die werktätige Klasse ein Anlaß zur Entfaltung eines gewaltigen Massensturmes gegen den kulturfeindlichen Mordparagraphen werden. (Siehe Nebenseite)

Friedrich Wolf 1931

Geprägt sind diese Merkmale vor allem durch die Einflüsse, die das *deutsche Judentum liberaler rheinländischer Provenienz* auf das Schaffen des Dichters hatte.[3]
Bis 1988 war der Blick auf Friedrich Wolf von ideologischen Vereinseitigungen geprägt. Der Hauptgrund für dieses Manko - sprich: die unzulässige Trennung einer einheitlich zu bewertenden Persönlichkeit in den »*Kommunisten Wolf*« und den »*Juden* Wolf« – lag in der weltanschaulichen Frontstellung der beiden Weltsysteme Sozialismus und Kapitalismus im Kalten Krieg der Nachkriegszeit begründet[4], die nach 1945 eine differenzierte Beurteilung Friedrich Wolfs in der Öffentlichkeit in beiden deutschen Staaten nicht zuließ. Dieser Zustand der jeweiligen ideologischen Vereinseitigung schien sich positiv zu verändern, als der Dichter im Jahre 1988 anlässlich seines 100. Geburtstages in seiner Geburts- und Heimatstadt Neuwied am Rhein als Gesamtpersönlichkeit durch eine Ausstellung, durch Aufführungen seiner Stücke, viele Veranstaltungen und durch das *1. Internationale Wissenschaftliche Friedrich-Wolf-Symposion* ausgiebig geehrt wurde, an dem u.a. auch Referenten aus den damals beiden deutschen Staaten teilnahmen.[5]
Nach der staatlichen Vereinigung Deutschlands schien eine *gesamtdeutsche Sicht auf den ganzen Friedrich Wolf* möglich zu sein. Mit dem Fall der Grenzmauer, die jahrzehntelang die DDR von der Bundesrepublik getrennt hatte, schien auch die Beseitigung der mentalen und geistigen Grenzen nur eine Frage der Zeit. Die Hoffnung trog. Zum 50. Todestag Wolfs im Jahre 2003 war die gesamtdeutsche Sicht auf den Dichter schon wieder aus dem Blickfeld geraten[6]. Der Bundesvorsitzende der Friedrich-Wolf-Gesellschaft beklagte 2003 anlässlich meiner Gedenkrede zum 50. Todestag Friedrich Wolfs in

Neuwied[7], dass der Blick auf den Dichter nicht mit dem »Anspruch gesamtdeutschen Kulturbewusstseins« geschehe, sondern schon wieder »unter west- oder ostdeutschen Denkkategorien verkürzt« werde[8].

Auch 20 Jahre nach dem Fall der Mauer hat die Aneignung des kulturellen Erbes im Fall Wolf den Zustand der inneren Einheit Deutschlands noch nicht erreicht. Das ist umso bedauerlicher, da ein Lebensmotto des Dichters es wert ist, dass wir es uns gesamtdeutsch aneignen: »*Kein größeres Verbrechen gibt es, als nicht kämpfen wollen, wo man kämpfen muß! Für die Wahrheit und Menschenwürde zu kämpfen, das aber ist kämpfenswert.*« So Friedrich Wolf am 8. Januar 1946 zur deutschen Uraufführung seines Dramas *Professor Mamlock* von 1933.[9]

»Als deutscher Jude, Schriftsteller, Sozialist«

»Ein nicht ermüdbarer Kämpfer für einen neuen Humanismus ist von uns gegangen.« Das sagte Bertolt Brecht auf der Gedenkveranstaltung für Friedrich Wolf[10], der am 5. Oktober 1953 gestorben war. In der Tat war Friedrich Wolf zeitlebens ein tätiger Humanist; er steht durch sein Leben, sein Werk und seine Taten für den Kampf gegen Rassismus und Antisemitismus und gegen die Erniedrigung von Menschen. Durch einige seiner Meisterwerke hat er sich in die Literaturgeschichte unseres Landes eingeschrieben. Er hat zudem die deutsche Literatur um humanistische und lebensnahe Figurengestaltungen deutscher und europäischer Juden bereichert. Vor allem Wolfs Schauspiel *Professor Mamlock* von 1933 nimmt in der deutschen und internationalen Theater- und Literaturgeschichte einen herausgehobenen Platz ein.

Professor Mamlock wird in aller Welt als frühe und prophetische Anklage gegen die mörderische Judenverfolgung des Nationalsozialismus und als gültig gebliebenes großes Humanitätsdrama unserer Epoche verstanden und ist als Warnung vor der »Diaspora d e r Menschen und d e s Juden«[11] gültig geblieben. Nur ein Mann wie der Arzt und Dramatiker Friedrich Wolf konnte dieses Epochendrama aus seiner persönlichen Biografie als deutscher Jude heraus und durch sein spezifisches Wissen um das Thema so überzeugend gestalten. Sein souveräner künstlerischer Zugriff rührt aus Wolfs Wurzeln in der jüdischen Tradition und Geisteswelt her, die ihm in Neuwieder Kinder- und Jugendtagen in der familiären jüdischen Umwelt und in der dortigen Schule vermittelt wurde. Sein ausgeprägter Gerechtigkeitssinn und sein geschärfter Blick gegenüber Verletzungen der Menschenwürde sowie unsozialen und menschenfeindlichen Unterdrückungspraktiken sind anfangs religiös motiviert und fußen auf dem »göttlichen Recht«, das dem Knaben an der *Jüdischen Volksschule Neuwied* vom dortigen Rabbiner vermittelt worden war. Aus der deutsch-jüdischen Aufklärung bezieht Wolf anfänglich seine Sicht eines jüdischen Glaubens, »der mir gestattet, bis an die äußerste Grenze der Vernunft zu prüfen und zu denken, bei meiner Freiheit, die zwischen mir und meinem Schöpfer keinen Richter, keinen Vermittler duldet, die mich mit meinem Gott alles allein abmachen lässt und keinem Dritten erlaubt, sich einzumischen« (Moses Mendelssohn[12]).
Friedrich Wolfs Brief an Hermann Lewy von 1949* und weitere Zeugnisse belegen sein Bekenntnis zum Judentum. Wolf verkörpert dabei den *Typus des nichtreligiösen Juden innerhalb des*

* Siehe am Ende des Bandes

Judentums, das mehr auf Vernunft und Wissen orientiert ist als auf das Dogma »Glaube«, der das Christentum prägt. Der Brief des damals 60jährigen Friedrich Wolf an Lewy spricht nicht nur vom Bekenntnis »zu meinen Vorfahren«[13], sondern ist auch ein Bekenntnis zu jüdischen Geschichts- und Wertetraditionen, zu jahrtausendealten jüdischen Kultur- und Volkstraditionen und den in ihnen verkörperten sozialen Werten. Wolfs Disposition baut auf einer politisch-sozial bestimmten jüdischen Identität

Die Jüdische Volksschule Neuwied (links)

auf, deren Wertekodex und Traditionsbestand konstituierend sind für seinen Weg von den Idealen der deutschen Aufklärung bis hin zum Emanzipationsanspruch der Grundidee des Sozialismus. Das Bewusstsein der fast 2000-jährigen Diaspora seiner immer wieder verfolgten Glaubens- und Schicksalsgemeinschaft formt gleichzeitig die Potenzen des Wolfschen Emanzipationsanspruchs mit aus und seinen Entwurf von Menschenwürde. Lion Feuchtwanger kennzeichnet 1948 den sozialrevolutionär geprägten Kern der Persönlichkeit von Friedrich Wolf und dessen »geradezu knabenhaft ungestümen Willen« »die Welt aus dem, was sie ist, zu dem zu machen, was sie sein soll« sowie Wolfs *»biblisch kämpferischen Eifer für Gerechtigkeit«*: »Im Grunde gibt es in *allen Werken* Friedrich Wolfs *nur einen Helden: den Entrechteten im Kampf gegen seinen Unterdrücker.*«[14] Wolfs ethisches Ideal ist in den *Sprüchen Salomo* (31: 8,9) verankert: »Tu deinen Mund auf für die Stummen und für die Sache aller, die verlassen sind. (…) und schaffe Recht dem Elenden und Armen.«[15]

Sein in jüdischen Weisheits-Lehren verwurzelter starker Gerechtigkeitssinn bleibt als gleichsam *gläubiger Humanismus* der Tat bei Wolf die grundlegende soziale Tätigkeitsmotivation. In diesem Sinne tritt er gleichermaßen als Arzt *und* Schriftsteller auf, als Jude *und* als Sozialist, als Publizist *und* Redner, als Antifaschist *und* Kulturpolitiker, als Deutscher *und* Weltbürger.

Friedrich Wolfs »Austritt aus der israelitischen Religions*gemeinde*« am 27. Mai 1913 ist ein Austritt aus der Gemeinde, aber kein Austritt aus dem *Judentum*. Dass dieser Austritt Wolf den amtlichen Eintrag »in das hiesige Dissidentenregister« beim Königlichen Amtsgericht Dresden einbringt[16], steht auf einem anderen Blatt. Wenn Friedrich Wolf noch Jahre nach dem Austritt aus der Dresdner Gemeinde sich in einem Brief an die Mutter zu *»unserem Sch`ma Isroël«* bekennt[17] – jenem *»Höre Israel! Der Ewige ist unser Gott, der Ewige ist einzig«* (5. Buch Mose, 6:4), der Gesetzesverkündigung am Berge Sinai, mit dem die mosaischen Gebetstexte beginnen –, wenn Wolf sich bei seiner Arbeit im »Nationalkomitee Freies Deutschland« und u. a. in einem Beschwerdebrief an Stalin von 1945 dazu bekennt, Jude zu sein, dann erscheint der Austritt aus der Gemeinde in Dresden relativ unerheblich für den Nachweis jüdischer Traditionslinien bei Friedrich Wolf. Zudem wird er von Vertretern jüdischer Gemeinden heutzutage ohnehin auch deshalb als Jude angesehen, weil er vom nationalsozialistischen Regime auch wegen seiner jüdischen Herkunft verfolgt wurde.

Insgesamt sind die Einflüsse jüdischer Werte und Traditionen auf Friedrich Wolf weniger vom Maßstab einer linear wertenden »Entwicklungsqualität« her zu bestimmen, sondern von der jeweiligen Entfaltung des vorhandenen Identitätskerns in verschiedenen zeitlichen Ausformungen. Am Ende seines Lebens wird der Dichter geprägt durch ein *jüdisches Selbstverständnis, das außerhalb der Religion liegt.* Dieses Selbstverständnis schließt den Stolz auf die Leistungen deutscher Juden an der Herausbildung der deutschen Nation sowie der deutschen Philosophie, Kunst und Literatur mit ein. Für Wolf liegt das positive Erbe des Judentums für Deutschland auf der Hand, wenn er Anfang 1949 formuliert: *»dass die deutsche Klassik und Aufklärung… ohne das alttestamentarische Erbe undenkbar wäre«*[18].

Dem Verfasser geht es nicht um endgültige Begriffserklärungen, sondern darum, den kulturgeschichtlichen und politisch-sozialen Wertebestand in den jüdischen Traditionslinien Friedrich Wolfs zu behandeln. Dies bringt zudem den Vorteil mit sich, an einem konkreten Beispiel die Weiterung des vorherrschenden deutschen Humanismusbegriffes um die Potenzen des originär jüdisch verwurzelten Humanismus aufzuzeigen. Meine Definition *des »nichtreligiösen Juden« Friedrich Wolf*, der jüdische Volkstraditionen und jahrtausendealte jüdische Kulturleistungen auch in ihrer außerreligiösen Form als positive Erbelinie und Aneignungspotential im Hinblick auf ihre sozialen Werteorientierungen beibehält, bietet einen doppelten Vorteil. Denn diese Definition ist positiv hinsichtlich der Darstellung jüdischer Leistungen in der deutschen Kunst-, Kultur- und Geistesgeschichte – wie sie auch negativ am ehesten imstande ist, mit Blick auf das Gesamtphänomen »deutscher Antijudaismus« Einzelheiten zu erfassen und neben religiös begründeten Vorurteilen auch individual- und sozialpsychologische, historische, politisch-ideologische, geistig-kulturelle und emotionale Faktoren zu berücksichtigen, die zu antijüdischen Vorurteilen und Stereotypen führten und die deutsche Juden in der Verfasstheit der Nation jeweils vorfanden bzw. immer noch vorfinden.

Will der deutsche Jude Friedrich Wolf in seinem künstlerischen Schaffen wirksam sein, muss er sich auf christliche Begrifflichkeiten einlassen. Schließlich lebt und arbeitet er in einer fast ausnahmslos von den Vorstellungen des Christentums geprägten Umwelt. Dies bringt Schwierigkeiten in der schlussendlichen Bewertung seiner Texte mit sich. So spielt bei Wolf – vornehmlich in den ersten 30 Jahren seines Lebens – beispielsweise der Begriff »Glaube« eine Rolle, den er im Dialog mit seiner christlichen Umwelt sowohl religiös wie nichtreligiös, aber auch als sozialen Glauben an die Veränderbarkeit der Welt ganz pragmatisch einsetzt.

Bei Friedrich Wolf äußert sich »Glaube« in verschiedenen religiösen und nichtreligiösen Formen des Glaubens an eine Sache: Sein Weg führt dabei von anfänglich jüdischer Religiosität über den messianisch-pantheistischen Glauben an die Wirksamkeit eines ewigen Sittengesetzes und an einen *»religiösen Sozialismus«*, sprich: seinen aufs irdische Diesseits gerichteten Glauben an den *»uralten Menschheitstraum des Messiasreichs, des Reiches der Gerechtigkeit von dieser Erde«*, den Wolf als *»Neuen Glauben«* bezeichnet[19]. Literarisch schlägt sich Wolfs Traum vom Messiasreich auf Erden u. a. in dem Roman *Kreatur* (1925) nieder, in dem er – für seine christliche Umwelt – den »neuen Messias« in einem sprechenden Christusbild erscheinen lässt.

Noch deutlicher wird die Beibehaltung des *uralten Menschheitstraum des Messiasreichs, des Reiches der Gerechtigkeit von dieser Erde* in der Dramatik Friedrich Wolfs. Das *»Die ganze Welt muß neugeboren wern«* im *Armen Konrad* (1923) und Wolfs Satz im Nachwort von 1953 zum Thomas-Münzer-Stück »Erst dieser wissende und bewußte Mensch kann *die wahre Gerechtigkeit – das Reich Gottes dieser Erde* – umsetzen« (GW, 6, 410f.)[20] offenbaren ideelle Kontinuität und Wandel. An die Stelle Gottes tritt bei Wolf zwar immer stärker das Himmelreich schon auf Erden, das er später über den Idealentwurf »Kommunismus« für erreichbar hält. Aber den Gott seiner Jugendjahre hält Friedrich Wolf bis zu seinem Tode hoch. Offenbar am »realen Sozialismus« immer wieder leidend, suchte Wolf Ende 1952 in einem Privatbrief nach den 10 Gerechten des 1. Buch Mose: »aber wie sagte der *alte weise Judengott*, als mit der Sintflut die ganze Welt untergehen sollte, weil schon damals der Menschheit »Bosheit« groß war auf Erden und alles Dichten und Trachten nur böse war immerdar... sagte er schließlich doch: Wenn es bloß *10 Gerechte* gibt auf der Erde, will ich sie nicht ganz vernichten! (...) darum geht es vorerst, um die 10 Gerechten! Um ihretwillen hat *Gott den Regenbogen als ewigen Bund an den Himmel gesetzt*, und hat Thomas Müntzer ihn in seine Fahne genommen!«[21].

Wolf verknüpft hier auf eigentümliche Weise die Sintflut, mit der Gott bis auf Noahs Geschlecht die sündige Menschheit vernichtet (1. Mose 6 ff.) mit einem späteren Sündenfall: der Vernichtung von Sodom und Gomorrha, nachdem Laban vergeblich 10 Gerechte gesucht hat (1. Mose 19). Dass Wolf im gerade zitierten Brief seinen lebenslänglichen Leitsatz *Die ganze Welt muß neugeboren wern* in großer dichterischer Freiheit mit dem Regenbogen als Zeichen des neuen Bundes Gottes mit seinem auserwählten Volk (1. Mose 9) verbindet, hängt mit seinem damaligem künstlerischen Schaffen zusammen: der Arbeit am *Thomas Münzer* als Schauspiel und als Filmerzählung. *Die ganze Welt muß neugeboren wern.* Wolfs *Wanderjahre der Utopie*[22] offenbaren Kontinuität und Diskontinuität, offenbaren große (künstlerische) Leistungen und große (politische) Irrtümer. Bleiben wird ihm sein eschatologischer Utopieüberschuss und seine Vorliebe für die in der Geschichte »*Zu-früh-Gekommenen*«, für die Mahner, Seher und Propheten.

1924 entstand Friedrich Wolfs in der Weimarer Republik vielbeachtete Nachdichtung von Teilen der hebräischen »Urbibel« und deren altjüdischen Liedern und Heldengesängen »*Das Heldenepos des Alten Bundes. Aufgespürt und in deutschen Worten von Friedrich Wolf*«[23] (die in den 16 Bänden der in der

DDR entstandenen *Gesammelten Werke* Wolfs fehlt). Wolf wollte mit dem *Heldenepos des Alten Bundes*, mit dem er sich »für die historischen Traditionen und kulturellen Werte einsetzte, die das jüdische Volk in die Weltkultur eingebracht hat«, besonders seinen nichtjüdischen deutschen Lesern den universellen Wert jüdischer Traditionen für die Menschheitskultur und die Bedeutung jüdischer Wurzeln bei der Entstehung des westlichen Abendlands nahebringen. Denn: »*Die Heldengeschichte und Königskämpfe eines harfen- und schwertfrohen Volkes, seine Wipfel – ein Gewölk aus Prophetie, Warnruf, Gefangenenklage und Gottesschau – rauschen mitten hinein in den Geistersturm unserer Tage.*«[24]

Mit viel Sympathie gedenkt Wolf im Heldenepos der jahrtausendealten Geschichte seiner jüdischen Väter und Vorväter: »*Die Ehrfurcht vor dem Stoff, die Ehrfurcht vor der heldischen Vergangenheit des alten Wüsten- und Wandervolkes, die Ehrfurcht vor dem überragenden Dichtwerk hat unser Bemühen geleitet.*«[25]

Das *Heldenepos des Alten Bundes* war auch ein Dialogangebot Friedrich Wolfs, der mit diesem Werk »das große Heldenepos, die ›*Edda des Alten Testaments*‹«[26] vorstellen wollte. Die eigenen jüdischen Traditionslinien wurden von Wolf auch deshalb an ihrer Quelle aufgesucht, um ein christlich-jüdisches Verständigungs- und Toleranzangebot zu formulieren – nicht zuletzt, um der Germanophobie des rassistischen deutschen Antisemitismus entgegenzuwirken, der sich über pseudowissenschaftliche Massenliteratur seit Mitte der 20er Jahre im Deutschen Reich wirksam ausbreitete und einen Teil seines Rassendünkels aus der Verfälschung der *Edda*-Dichtung herzuleiten versuchte.

Von Arnold Zweig stammt die Aussage: *»aus dem Judentum kann man nicht austreten«*[27]. Auch Zweigs Freund und Weggefährte Friedrich Wolf wollte das nicht. Denn Beiden ging es darum, als deutsche Juden das Kultur- und Geistesleben ihres Landes mit den humanistischen Werten und dem kulturellen Reichtum ihrer Väter und Vorväter anzureichern. Auf diese deutsch-jüdische Synergie als zentralem Topos seiner Auffassung von kulturellem Erbe hat Friedrich Wolf in verschiedenen Lebensetappen hingewiesen.

- So schreibt Wolf in der Einleitung zum *Heldenepos des Alten Bundes* 1924/25: »Unabweisbar: unsere ganze Epoche, ob wir Luther oder Jakob Böhme, ob wir Händels ›Saul‹ und ›Belsazar‹, Haydns ›Schöpfung‹ oder Klopstocks ›Messias‹ oder Rembrandts Simson und Tobias nennen, unser ganzes abendländisches Leben wird von den Stämmen dieser alten Kultur getragen, aus ihren Wurzeln gespeist.«[28]
- So setzt er u.a. 1933 dem Missbrauch germanischer Heldensagen durch die Nationalsozialisten im *Mamlock* die Heldengeschichte der Makkabäer entgegen sowie Helden wie den starken Simson und König David.
- So kämpft er 1943/44 in den zwei Vorträgen *»Judentum und Antisemitismus«* und *»Jewrei«* [russisch: Juden] um die Seelen der vom Rassen-Antisemitismus verseuchten kriegsgefangenen Hitleroffiziere[29] – und leitet seinen Vortrag Jewrei damit ein, hier *»als deutscher Jude, Schriftsteller, Sozialist«*[30] zu reden.
- Gleichzeitig ringt Friedrich Wolf immer wieder um die stärkere Anerkennung jüdischer Kämpfer durch die Arbeiterbewegung. Ein literarisches Beispiel hierfür ist seine im KZ Le Vernet spielende Erzählung *»Jules«* (1941) über einen tap-

feren jüdischen Lederarbeiter aus Polen. Im Alter wird Wolf auf diesen Jules zurückkommen. Aber dazu am Ende dieser Arbeit.

Aus dem Judentum kann man nicht austreten: Dieser Satz gilt auch die Disposition des politisch-sozial bestimmten Identitätskerns bei Friedrich Wolf. Die in den Heldengeschichten und Sagen der jüdischen Volkstradition verkörperten sozialen und kulturellen Werte werden immer wieder in seine Werke und in sein publizistisches Wirken einfließen. Die Fähigkeit zu produktiver Erkenntnisbereitschaft, die Orientierung auf ein auf tätiges Handeln gerichtetes Wertebild und damit auf einen *Humanismus der Tat* treffen wir schon beim jungen Friedrich Wolf an – der nichtreligiöse Jude Wolf wird diese positiven Prägungen später als Kommunist in die Arbeiterbewegung mit einbringen. Er gehört in die quantitativ wie qualitativ bemerkenswert große Reihe von Juden, die ihren unverwechselbaren Beitrag zur Wirtschaft, Kunst, Kultur und Wissenschaft Deutschlands geleistet haben.

Friedrich Wolf war ein Vertreter jenes Flügels des aufgeklärten deutschen Judentums, das sich über die Schubkraft des *Freiheit, Gleichheit, Brüderlichkeit* der Französischen Revolution zu emanzipieren versucht hatte und seit Mitte des 19. Jahrhunderts sein Verlangen nach politischer, sozialer und kultureller Emanzipation verknüpft sah mit dem Engagement für die allgemeine Emanzipation. Hierin sah sich Wolf mit seinem Vorbild Heinrich Heine einig, der nach der 1848er Revolution in Deutschland schrieb: »Die Juden dürften endlich zur Einsicht gelangen, dass sie erst dann wahrhaft emanzipiert werden können, wenn auch die Emanzipation der Christen vollständig erkämpft und sichergestellt worden. Ihre Sache ist identisch mit der des deutschen Volkes, und sie dürfen nicht als Juden begehren, was ihnen als Deutschen längst gebührte.«[31] Von dieser Ende des 19. Jahrhunderts auch von der deutschen Arbeiterbewegung formulierten Interessensübereinstimmung jüdischer und deutscher Emanzipation ist das Gesellschaftsbild des jungen Wolf geprägt: Der Weltbürger Friedrich Wolf ist ein aus jüdischer Familie und Tradition entstammender deutscher Sozialrevolutionär – und er ist sich seiner mosaisch geprägten Wurzeln bewusst.

Frühe Prägungen erhält Friedrich Wolf in seiner Geburts- und Heimatstadt Neuwied am Rhein durch die jüdischen Familienangehörigen väterlicher- und mütterlicherseits, durch den Besuch der Jüdischen Volksschule und seinen Lehrer Julius Ransenberg sowie durch seine Mitgliedschaft in der Neuwieder Synagogengemeinde. Erinnerungen an die Kinder- und Jugendtage am Mittelrhein sind von frühesten Werken bis hin zu letzten öffentlichen Äußerungen präsent und belegen, wie nachhaltig Wolf das Umfeld seines Werdens im Bewusstsein geblieben ist. Seine Erinnerungen an die ersten 20 Lebensjahre äußern sich in Lyrik und Prosa, in autobiographischen Skizzen und Reden, in kulturpolitischen Arbeiten und in vielen Briefen. Auch in der Prosa und im dramatischen Werk Wolfs spiegelt sich die familiäre und schulische Sozialisation sowie das Figurenensemble der Neuwieder Jahre wider: In Personengestaltungen, in Haltungen, Charakterzügen und Eigenheiten sind Familienmitglieder, aber auch Lehrer, Freunde und andere Personen durchaus erkennbar.

Neben den Kindheitsmustern durch eine jüdische Erziehung vornehmlich durch die Mutter und die Großmutter waren es zwei Männer, die das Wertebild des jungen Friedrich Wolf prägten und großen Anteil an der Herausbildung bürgerlich-demokratischer Ideale sowie bei der Herausbildung seines Emanzipationsanspruchs als deutscher Jude hatten: Rabbiner *Julius Ransenberg*, der Leiter der Jüdischen Volksschule Neuwied und Wolfs Lehrer war und auch der Jüdischen Gemeinde vorstand, und *Dr. Moritz Meyer*, der jüdische Onkel mütterlicherseits.

Friedrich Wolfs ursprünglicher Plan, Rabbiner werden zu wollen, wurde von der ganzen Familie unterstützt. Dieser Plan entstand auch unter dem Einfluss der Jüdischen Volksschule. Für eigene jüdische Gemeindeschulen, die Volksschulcharakter tragen durften, gab es ein strenges Reglement durch den Oberpräsidenten der Rheinprovinz zu Koblenz, um die »üblichen Lehrgegenstände« zu garantieren. Auch war von den Behörden genau geregelt, dass der »Religionsunterricht... zugleich den Unterricht in der hebräischen Sprache in sich begreift«. Der Bibelunterricht, das Lesen und Übersetzen aus dem Hebräischen, die Einführung in das Gesetzeswerk der Tora, in den *Talmud*, in die *Mischna* und in die *Haggada* – die sich mit ihren vielen jüdischen Lebensgeschichten, Sagen und Legenden besonders gut für den Unterricht eignete – all dies wurde Friedrich Wolf an der Jüdischen Volksschule vermittelt. Hier liegen seine ersten außerfamiliären Bildungserlebnisse. Der Stolz auf jüdische Heldengestalten und die in jüdischen Sagen enthaltenen progressiven Volkstraditionen werden als Wertebestand bei Wolf ein Leben lang präsent bleiben.

Gleichzeitig traf Wolf an der Jüdischen Volksschule Neuwied mit Julius Ransenberg auf einen Lehrer, der Rabbiner und monarchistischer Deutschnationaler in einem war – ein kaisertreuer preußischer Jude, über den sein Sohn Gunter Ransenberg mir 1989 schrieb: »Kaiser Wilhelm der Zweite kam direkt hinter Gott selbst. Feste der Kaiserfamilie wurden mit Begeisterung gefeiert und besungen, große Körbe voller Brezeln wurden zum Beispiel an Kaisers Geburtstag verteilt. Die Kleinen sangen ›Der Kaiser ist ein lieber Mann/er wohnet in Berlin/und wär es nicht soweit von hier/dann führ ich heut noch hin!‹ 1914 habe ich noch miterlebt und half voller Begeisterung jedesmal die Fahne zu hissen, wenn wieder einmal ›gesiegt‹ worden war.«[32] Zusätzlich belegt ist durch eine »Kriegs-Gedächtnis-Predigt« Rabbiner Ransenbergs vom 4. April 1919, dass dessen deutschnationales Denken den 1. Weltkrieg überdauerte. Rabbiner Julius Ransenberg forderte: »Wir wollen mitgezählt werden, wenn man jüdische Vaterlandsopfer mitzählt.«[33]

Der Ansicht, dass die jüdischen Kriegsteilnehmer des 1. Weltkrieges, »von denen über 10.000 fielen«, in Deutschland zu wenig gewürdigt würden, war auch Friedrich Wolf. In Notaten zu einer handschriftlichen *Mamlock*-Fassung vom Mai 1933 kritisiert er vor allem die »Infamie« und die »dumme Niederträchtigkeit« der NSDAP und ihrer Presse gegenüber jüdischen Kriegsfreiwilligen. Wolf spricht wörtlich von der »Leichenschändung an den Gefallenen«.[34]

Friedrich Wolfs Lehrer Ransenberg hatte nicht nur eine deutsch-nationale Sicht auf den 1. Weltkrieg, sondern er prägte auch die Gesamtanschauungen der Jüdischen Gemeinde Neuwied: »Die ganze Gemeinde, mindestens 340 der 400 Juden, waren fest in der Hand meines Vaters und treu dem ›*Centralverein deutscher Staatsbürger jüdischen Glaubens*‹.« So der Sohn Gunter Ransenberg in dem zitierten Brief an mich. In Züge des Hans Mamlock, der Titelfigur des Wolfschen Dramas *Professor Mamlock* ist dieser jüdische Lehrer aus Neuwied durchaus mit eingeflossen: als Typus des sogenannten »Assimilationsjuden« – jenem nicht kleinen Teil des deutschen Judentums vor 1933, das sich nicht nur im »Centralverein deutscher Staatsbürger jüdischen Glaubens« als dessen rechter Flügel organisierte, sondern auch im »Reichsbund jüdischer Frontsoldaten« den konservativen Kandidaten Hindenburg zum Reichspräsidenten wählte. Friedrich Wolf unterlag dem Einfluss seines jüdischen Lehrers Ransenberg nur begrenzt. Abzüglich deutsch-nationaler Übersteigerungen hat die Erziehung durch Lehrer Ransenberg aber dennoch mit dazu beigetragen, dass Wolf zeitlebens auch ein deutscher Patriot war.

Dem Wanderfreund und Lehrer der Neuwieder Jugendjahre, *Dr. Moritz Meyer*, seinem von den Nazis ermordeten Onkel, der Landgerichtsrat und Naturheilkundler war, hat Friedrich Wolf in seiner Erzählung *Das Öhmchen* 1944 ein literarisches Denkmal gesetzt (GW,13, 371 ff.). Die Einflüsse des Onkels auf den Dichter als Dialogpartner der Jugend-, Schul- und Studentenzeit waren weltanschaulich, wissenschaftlich und philosophisch bis zum Ausbruch des 1. Weltkriegs weit größer als Friedrich Wolf das in *Das Öhmchen* für den »Freund, Helfer und Lehrer in den entscheidenden Tagen meiner Jugend« (GW, 13, 376) bekannt hat. Über die vom Dichter geschilderten homöopathischen Beeinflussungen hinsichtlich des gewählten Arztberufes hinaus gibt es beispielsweise künstlerisch-stoffliche Parallelen zwischen dem Schauspiel *Der Fremdling* Moritz Meyers und Wolfs Drama *Tamar* (1921), die beide altjüdische Stoffe aus dem 1. Buch Mose behandeln.

Zwei philosophische Werke des jüdisch-orthodox argumentierenden Onkels der Jahre 1910 bzw. 1914, die dem »Neffen Fritz« gewidmet sind, zeigen außerdem das Bemühen Moritz

Meyers, den bereits unter dem Einfluss der Philosophie der deutschen und europäischen Aufklärung stehenden Friedrich Wolf, der sich vom religiösen Judentum abzulösen beginnt, auf den rechten Weg mosaischer Gesetzestreue zurückzuführen. Insbesondere Moritz Meyers *»Sinai-Briefe an meinen Neffen Fritz«* (1910)[35] offenbaren einen auf hohem Niveau stattfindenden Diskurs zwischen jüdischer Vernunftsreligion und der Vernunftsphilosophie der Aufklärung und beeindrucken den »Neffen Fritz« sowie dessen Studienfreunde tief.

Von hierher kann auf Friedrich Wolfs frühe weltanschauliche Entwicklung zurückgeschlossen werden. Dass bei Wolf an die Stelle Gottes als des höchsten Richters als höchste richterliche Instanz gleichsam das »soziale Gewissen« und das Ringen um Menschenwürde für Alle tritt, geschieht erst nach komplizierten Übergängen und Umbrüchen. Wolfs Sicht der Welt geht aus vom jüdischen Monotheismus und anfänglicher universeller Vorstellung von Gott als der Verkörperung des inneren Sittengesetzes im All. Die Vermenschlichung des Göttlichen, die Säkularisierung dieses Sittengesetzes hin zum Ziel des Gottesreiches schon auf Erden gewinnt Friedrich Wolf über den philosophischen Universalismus und den Pantheismus eines ewigen Sittengesetzes im All, den er sich über den jüdischen Humanisten und Aufklärer *Baruch Spinoza* sowie dessen Adaption durch Goethe aneignet. Die menschliche Selbstgewissheit des Descartes »cogito, ergo sum« (ich denke, also bin ich) und Spinozas rationalistischer Pantheismus von der einen Grundsubstanz »deus sive natura« (Gott *und* Natur) werden vom frühen Wolf verbunden in einem Weltbild, in dem die äußere und menschliche Natur Gott ist. Seinen am Vorbild Goethe geschulten Pantheismus belegen frühe, die Schöpfung feiernde Gedichte Wolfs, in denen sich Gott für ihn entweder in Naturereignissen offenbart oder die Anwesenheit Gottes auch im Menschen beschworen wird. Ein frühes Beispiel dafür ist das *Berglied* von 1904, in dem es u.a. heißt: »All mein Beben ist verschwunden, /Kühn blick ich zu dir hinan, /denn dein Geist, er lebt auch in meinem – /Hier an diesen Felsgesteinen /Laß das alte Leid zerschellen, /Deines Odems Lebenswellen, /laß mich schlürfen –/Alte Götterkraft!«[36]

1918 erläutert der schon 30jährige Dichter in einem Brief an einen Freund dann sein neues Verständnis von Religion, das allerdings am Pantheismus festhält: »Wie dieses eigene Glück sich dem Zauber des Weltganzen, dem großen allgemeinen Lebensgefühl in der Natur verschmilzt, da beginnt für mich schon das Wesen des *Heiligen, Göttlichen,* Religiösen, wie ich es verstehe.«[37]

Als Achtung vor der Schöpfung wird dieses hohe Ethos Friedrich Wolf noch 35 Jahre später auszeichnen, wenn er sechs Monate vor seinem Tod als Maßstab seines Handelns 1953 den Gorki-Satz ausspricht: *»Das Allerheiligste ist der Mensch!«* (GW,16, 371 ff.)

Insgesamt sind in Friedrich Wolfs Entwicklung zwei unterschiedliche Phasen der Beschäftigung mit der eigenen jüdischen Herkunft auszumachen, die je durch die äußere gesamtpolitische Entwicklung in Deutschland bedingt sind:

Phase 1: Bis Ende der 20er Jahre ist eine »aufsteigende Linie« der produktiven Umsetzung der jüdisch-liberalen Herkunft festzustellen. Zwar weiß Wolf, dass sein Großvater und seine Großmutter väterlicherseits vor dem 1. Weltkrieg in Nordeck/Gießen in einem antijüdischen Pogrom erschlagen worden waren[38], zwar hatte er in seiner Studentenzeit den Antisemitismus am eigenen Leibe erfahren, zwar erlebte er bei einem Nordsee-Urlaub die verheerende Wirkung antijüdischer Hetze durch das geifernde »Borkum-Lied«, das – auch auf Postkarten und in Kurkonzerten verbreitet – forderte, die Insel »judenfrei« zu halten[39], zwar übersah er nicht, dass sich in der Weimarer Republik antijüdische Vorfälle häuften – aber trotz all dieses Wissens sah er es noch für grundsätzlich möglich an, die Errungenschaften und Werte des deutschen Judentums weiterhin in die deutsche Kultur einzubringen.

Gleichzeitig entwickelt er Ende 1924 Sympathien für linkszionistische Sozialismuskonzeptionen auf – so Wolf – »kulturell-gläubiger Grundlage« und beobachtet mit Interesse die Aussage »der letzten Frankfurter Tagung der zionistischen Vereinigung«, den Aufbau Palästinas geistig auch durch »Industrieideologie« zu begleiten. Wolf fordert »Abstand zu Europa«, zumal er »westliches Leben… auf dem Nullpunkt« angelangt sieht. Deshalb hofft er auf »die neu sich bildende östliche Synthese dreier Reiche«: »*Jungpalästina, Angora, Rußland*« und stellt am Jahresende 1924 einen detaillierten (dann nicht ausgeführten) Finanzierungs-, Marsch- und Reiseplan »*JERUSALEM – ANGORA – MOSKAU*« auf – nebst der eigenhändigen Kartenzeichnung »Jerusalem – Angora – Moskau (Das vorderöstliche Kristall)« in diese Länder.

Friedrich Wolf sympathisiert mit den jüdischen Siedlern in Palästina, die für ihn »die uralte Sehnsucht der babylonischen Gefangenen nach ihrem Land, die alte Kultgemeinschaft« symbolisieren. Auf die drei »am Ostrand Europas« sich neu bildenden Reiche – das spätere Israel, die Türkei und die Sowjetunion – blickt der europamüde Wolf auch deshalb gespannt, weil sie ihm für »Jugend und Glaube, Kult und Fanatismus« einstehen scheinen – wobei auch im Kommunismus »in Moskau... ein ebenfalls an religiöses Dogma grenzender Fanatismus und Glaube« herrsche.[40]

Zur gleichen Zeit war Wolfs *Das Heldenepos des Alten Bundes* entstanden, und der Dichter notierte nach Beendigung dieses Werkes Ende Dezember 1924: »Dankesschuld ist gezollt, die Hand löst sich vom vertrauten Druck«[41]. Offen bleibt, ob er mit dem »vertrauten Druck« das religiöse Judentum insgesamt meint oder ob Wolfs *Heldenepos* über das Volk, dem er entstammt, seine »Dankesschuld« an das jüdische Elternhaus bildet, besonders an die heißgeliebte Mutter Ida Wolf.

Phase 2: Ab Ende der 20er Jahre wird die Beschäftigung des Dichters mit seinen jüdischen Traditionslinien zunehmend in den Kampf gegen den faschistischen Rassenantisemitismus einfließen. In der Zeit des Exils der Jahre 1933–1945 zeichnen sich Friedrich Wolfs gesamtes künstlerisches Werk und auch sein sonstiges Schaffen durch einen durch großes Können und viel Mut gekennzeichneten Einsatz gegen den Rassenwahn und dessen antisemitischen Kern aus. Nach 1945 führte Wolf diesen Kampf fort. Ideologiekritisch gelingt es ihm mit seinen Arbeiten im Kampf gegen das in Deutschland in Mentalität, Stereotypen und Wurzeln nicht beseitigte rassistische Judenbild erneute Gefahren des Rassismus, Antijudaismus und Neofaschismus wirkungsvoll anzuprangern. Besonders scharf prangert er dabei die Rückkehr von NS-Tätern in leitende Stellungen der Bundesrepublik Deutschland an, denn viele Funktionsträger des nationalsozialistischen Regimes sitzen nach 1945 wieder in der Politik und der Justiz des Adenauer-Staates, auf Lehrstühlen und Intendantensesseln sowie in maßgeblichen Positionen des Pressewesens.

»Das Leben warf mich durch die Zeit genug«

In der Weimarer Republik war er eine der bekanntesten Gestalten des Theater- und Kulturlebens; umstritten bei den Konservativen, populär bei den Arbeitern. In der Zeit des Faschismus avancierte der von den Nationalsozialisten Ausgebürgerte in der freien Welt als »der Mann, der *Professor Mamlock* schrieb« auf der Bühne, im Film und im Buch zum bekanntesten und meistgespielten antifaschistischen deutschen Dramatiker[42]. Heute scheinen dieser vordem berühmte Mann und seine großen Verdienste um die Literatur und das Theater des 20. Jahrhunderts in Deutschland weitgehend vergessen worden zu sein. Das haben nicht nur der *Zivilisationsbruch*, den der Faschismus verursachte, und der *Kalte Krieg* mit sich gebracht, sondern auch die geistig-kulturellen Verwerfungen der *deutschen Wendezeit* nach 1989. Was vor 25 Jahren nur in der alten Bundesrepublik galt, scheint für Friedrich Wolf auch im wiedervereinigten ganzen Deutschland zu gelten: »Eine der populärsten, meist übersetzten und umtriebigsten Figuren des Kulturlebens der Weimarer Republik… Friedrich Wolf ist nach seiner Vertreibung durch die Nationalsozialisten auch in der Literatur und im Theater der Bundesrepublik nicht mehr recht heimisch geworden. Es scheint, als ob Wolfs Vertreibung und Ausbürgerung bis heute noch nicht rückgängig gemacht worden seien«. So schrieb man 1983 in Stuttgart über Friedrich Wolf.[43]
Hans Koschnick, Bremer Bürgermeister a. D., hat im Jahre 2003 in seiner Gedenkrede zum 50. Todestag Wolfs in der Akademie der Künste Berlin zu Recht einen neuen Maßstab in Sachen Friedrich Wolf gefordert: »*die angemessene Würdigung*

eines Mannes, dessen Wirken in Ost und West nur selten objektiv wahrgenommen wurde«[44]. Koschnick stellte fest: »Aus nicht in seiner Person oder seinem Werk begründeten Ursachen war er vielfach in der Beurteilung Missdeutungen oder Minderbeachtung ausgesetzt. Zugegeben, in Ost und West nie aus gleichen Gründen, doch nicht selten mit ähnlich schmerzhaften Empfindungen.«[45]

Noch immer ist der jüdisch-deutsche Schriftsteller Friedrich Wolf in seinem Vaterland nicht so recht heimisch geworden. So fehlt auch der – im besten Sinne des Wortes – *radikaldemokratische Impetus*, der seine Schriften auszeichnet. Und das, obwohl folgende Szene von Wolf in jedem Schulbuch stehen sollte, das die junge Generation im Sinne der Demokratie erziehen will: Dr. Inge Ruoff sagt im IV. Akt des *Professor Mamlock*: *»Die Zeit der Demokratie ist aus!«* – und Professor Hans Mamlock erwidert ihr mit einem leidenschaftlichen Plädoyer für die Demokratie: *»Die Zeit wird nie aus sein... Es gibt keinen Bau, der aus einem einzigen Stein besteht; es gibt keinen Staat, der nicht aus Menschen, Köpfen, Herzen besteht! So wie die verbindenden Bogen und Querbalken in einem großen Bau, so sind die Ideen der Gerechtigkeit, der Humanität, der geistigen Freiheit und des geistigen Mutes die Gerüstteile, die uns verbinden! Fehlt dies innere Gerüst, so fehlen auch die Fenster und Türen, so müssen auch die Eingemauerten wie in einer Gruft ersticken oder sich an Kerker, Kasematten und Festungen gewöhnen.«* (GW, 3, S. 354 f.)

Der gleiche Hans Mamlock ist es, von dem wir eine couragierte Haltung dazu lernen können, Rassisten entgegenzutreten: *»Rassendünkel ist keine gute Eigenschaft. Auch das Selbstlob der Rassen hat keinen guten Geruch.«* (GW, 3, S. 307) Der Kampf gegen den Rassismus, gegen Rechtsextremismus und Antisemitismus vertritt neben der Auseinandersetzung auf geistigem Gebiet immer auch ein humanistisches Wertebild und zeigt dabei sein grundsätzliches, sein moralisches Gesicht. Hans Mamlock widerlegt deshalb die rassistischen »Argumente« des Naziarztes Hellpach nicht nur intellektuell, sondern ruft ihm zu: »*Es ist so wenig Objektivität, so wenig Noblesse, so wenig innere Gerechtigkeit in Ihren Worten.*« (GW, 3, S. 307) Friedrich Wolf besaß beides: den Gerechtigkeitssinn und die Noblesse, durch die sich sein Protagonist Hans Mamlock auszeichnet.

Um die kämpferische Demokratie des *Professor Mamlock* geht es auch heute: um *Zivilcourage* von Menschen, die bei fremdenfeindlichen Gewalttaten und Morden sowie angesichts eines wieder ansteigenden gewalttätigen Antijudaismus nicht nur bloß dabeistehen und zu- oder wegschauen, sondern die couragiert eingreifen. Dem Schwarz-Weiß-Denken des Kalten Krieges entsprang auch im Fall Friedrich Wolf im Westen Deutschlands die »tiefe *Ungerechtigkeit*, dass man die Spuren seines Lebens zu verwischen versucht hat«[46] – eine Ungerechtigkeit, die sich im vereinten Deutschland fortsetzt. Die gerade zitierten Plädoyers Wolfs für die kämpferische Demokratie zeigen: Noch schlimmer ist die *Dummheit*, sich dieses Autors im Schulunterricht und in der demokratischen Wertebildung nicht anzunehmen.

Welches Bild haben wir von Friedrich Wolf? Ist er der Weltbürger, der sich sportiv präsentierende Intellektuelle und Frauenschwarm, der auf Fotos – oft mit einem ironisch-überlegenen Lächeln – noch in tragischen Niederungen seines Lebens über seine Zeit hinauszublicken scheint? Wir im Westen haben bisher dieses Bild von Wolf bevorzugt – zumal der Dichter seit ersten Jugendfotos die Inszenierung seines eigenen Körpers und des an den antiken Vorbildern geschulten Männlichkeitskults selbst mit befördert hat.

Oder entspricht Friedrich Wolf einem *zweiten Bild*: dem Holzschnitt von Conrad Felixmüller, an dem sich Wolf 1947 in fast kindlicher Bewunderung begeistert: »wie es ihnen gelungen ist, das Porträtähnliche mit dem Charakteristischen/Typischen zu verbinden, nicht nur den *civilen* Schriftsteller Fr[iedrich] W[olf] darzustellen, sondern ›*den*‹ Schriftsteller angespannt nachdenkend, kurz vor dem Wort in seiner Zeit (...) Ausgezeichnet, dass Sie diesen Fr[iedrich] W[olf] nicht vor seinem Bücherbrett und nicht in seinem Zimmer gesehen haben, sondern draußen im Kampf, umgeben von den marschierenden und ringenden Gestalten der Geschichte unsres Volkes«[47]?

Oder kommt nicht ein *drittes Bild* dem *wirklichen Friedrich Wolf* sehr viel näher: jenes Gemälde von Erich Viehweger von 1972, das an Wolfs 50. Todestag auf der Berliner Gedenkveranstaltung zu sehen war: das Bild eines gutaussehenden Mannes voller Noblesse, dessen beseelte dunkelbraune Augen viel Lebenserfahrung, vor allem aber Wärme, Güte und eine tiefe Menschenliebe ausstrahlen? Dieses Bild gibt die Aura wieder, die Friedrich Wolf umgab: seine immense Ausstrahlung auf Menschen, seine »bezaubernde, sehr stille, feine Liebenswürdigkeit«[48].

Nach den Zeugnissen seiner Zeitgenossen und Weggefährten ging er auf die Menschen zu, nahm ihre Probleme ernst, war klug, sanft, taktvoll und geduldig, gab Trost und Hilfe, wo er nur konnte – blieb Freunden ein treuer Freund, auch über weltanschauliche Differenzen hinweg. Wolfs soziales Verhalten und seine positive Einstellung zu Menschen waren sprichwörtlich.

Vor allem wollte er eines: helfen. Dass der Mensch dazu da ist, anderen Menschen zu helfen – das durchzieht Friedrich Wolfs gesamtes Leben und Werk. Sein ausgeprägtes Gerechtigkeitsgefühl sieht Wolf noch als 61-jähriger schon in dem »Geburtsvorteil« seiner rheinischen Herkunft angelegt: Denn *»die Menschen am Rhein«* besäßen *»neben ihrem Mutterwitz einen starken Gerechtigkeitssinn, ein eingeborenes Freiheitsgefühl«*[49].
Die Unbedingtheit seines Engagements für die Mitmenschen waren schon vor 1933 der Grund dafür, dass seine Arztpraxis überlaufen war, dass der Redner Wolf die Säle füllte und dass sich die Jugend für diesen Mann begeisterte, der es ernst meinte mit der »gegenseitigen Hilfe in der Menschenwelt«[50]. Auch nach 1945 setzte Friedrich Wolf vor allem auf die Jugend: der »weltbekannte Dramatiker« fragte (so der damals blutjunge Hans Müncheberg) nicht nach »Biographie oder Legitimation«, sondern akzeptierte »den noch Unerfahrenen als Partner in der Arbeit«. Wes wunder, daß die damals Jungen noch heute sagen: *»daß mir Friedrich Wolfs Unvoreingenommenheit, seine Offenheit, Aufrichtigkeit und sein Gerechtigkeitssinn zu einem Maßstab für das eigene Leben geworden sind«*.[51]
All dies scheint mir aus diesem dritten Bild zu sprechen. Es zeigt den *inneren Friedrich Wolf – den Mann mit der kristallenen Seele* (so seine Gefährtin Lotte Rayß)[52]: den Mann, der ein Freund der Menschen war, ein Helfer. Ein Heiliger war er nicht. Er hatte auch Schwächen, konnte aufbrausend sein und war auch eitel und selbstverliebt – vor allem, wenn es um sein Werk ging. Das von Mutter und Großmutter erzogene Einzelkind aus gutbürgerlicher Familie besaß auch narzistische Züge, war verwöhnt und hatte manchmal Schwierigkeiten, »die Wirklichkeit im Auge zu behalten«[53].

»Verzeiht, daß ich ein Mensch bin/Und nicht ein Heiliger«[54]: Friedrich Wolf wusste um seine Schwächen. Sie machen ihn nicht kleiner.
»Das Leben warf mich durch die Zeit genug«, schrieb der Dichter 1945 im Gedicht *Knabenträume*, in dem er sich an seine Heimat am Mittelrhein erinnert[55]. *Das Leben warf mich durch die Welt genug* – das gilt nicht nur für die vielen Wohnorte und Fluchtpunkte, in die zwei Weltkriege und die historischen Katastrophen des 20. Jahrhunderts Wolf zwangen und für ein Leben voller Aufregungen, Ärger, Entbehrungen und Entwürdigungen sorgten.
Der Zeitraum des Terrors und der systematischen Verfolgung Friedrich Wolfs durch die Nationalsozialisten umfasst die Jahre 1931–1944; er beginnt schon vor der Machtübernahme Hitlers 1933. Vom 27. Februar 1931, als der *Völkische Beobachter* den Rheinländer Wolf als »einen der gemeingefährlichsten Vertreter ostjüdischen Bolschewismus« beschimpfte, bis hin zum 18. Oktober 1944, als Heinrich Himmler in einer Rede vor Volkssturm-Männern gegen *»den Juden Wolf«* als angeblichen Verführer deutscher Kriegsgefangener hetzte, reichen die Belege. Als prominenter antifaschistischer Schriftsteller schien der Jude und Kommunist Friedrich Wolf den Nazis bis zum Untergang ihres Terrorsystems besonders geeignet für ihr paranoides Wahnbild von der »jüdisch-bolschewistischen Weltverschwörung«.
Nach der Bücherverbrennung 1933, nach seiner Ausbürgerung 1935 und nach dem Verbot seiner »sämtlichen Schriften« als schädlich und unerwünscht (1938) war später auch die Ermordung Friedrich Wolfs geplant: Auf der *»Sonderfahndungsliste UdSSR«* von 1941, einer 316 seitigen Mordliste mit 5256 Eintragungen, die deutsche *»Einsatzgruppen«* beim Überfall auf die

Sowjetunion bei sich trugen, findet sich auf Seite 203 auch der Name: »Wolf, Friedrich, Dr. med., 23. 12. 88 Neuwied, Schriftsteller, Moskau, Nishnikislovsky per 8«. Um den Fall Wolf kümmerten sich Heydrich und Himmler, Hitler und Goebbels, später auch der Chef des Generalstabes des deutschen Heeres, Heinz Guderian persönlich. Die Verfolgung Friedrich Wolfs ging quer über den ganzen Erdball, die Spitzelberichte waren lückenlos.[56]

Das Leben warf mich durch die Zeit genug: Auch die vielen Niederlagen Wolfs wohnen dieser Zeile inne, seine seelischen Verletzungen, sein Trotz und sein Sich-Aufbäumen selbst in tiefster Verzweiflung. *Das Leben warf mich durch die Zeit genug*: Die Zeile gilt auch für von ihm nicht beeinflussbaren *Zufälle*. Was wäre gewesen, wenn? Nur ein Beispiel: Als Friedrich Wolf 1938 dem Terror Stalins entronnen war, wollte er aus dem französischen Exil nach New York gehen, er hatte *»schon mein Segel stark auf USA gerichtet*, wegen Film-, Theaterarbeit dort und der Weltausstellung 1939, die Hitler sabotieren will, so dass wir – die deutsche Emigration – dort Deutschland vertreten; heute eine sehr wichtige Sache«[57]. Zudem bestand nach dem Erfolg des russischen *Mamlock*-Films von 1938 in den USA der Plan, »daß man eine ganz neue *Hollywoodfassung* drehen wollte«.[58] Auch prominente amerikanische Schriftsteller unterstützten Wolfs Plan, in die USA zu kommen. Aber es wurde nichts daraus: Hitler brach 1939 den 2. Weltkrieg vom Zaun – der deutsche Jude und Antifaschist Friedrich Wolf wurde ab 1939 als »feindlicher Ausländer« in französischen Lagern interniert. Was wäre gewesen, wenn?

Der jüdische Arzt, Schriftsteller und Kommunist Dr. Friedrich Wolf aus Neuwied am Rhein war ein vielseitig begabter Mann

Broschüre 1930 von Dr. med. Friedrich Wolf

von immenser Kreativität auf unterschiedlichsten Gebieten. Bereits vor 1933 machte er Furore mit Stücken wie *Der Arme Konrad* (E 1923, UA 1924), *Cyankali* (E 1929, UA 1929) und *Die Matrosen von Cattaro* (E 1930, UA 1930), trat mit seiner Programmschrift *Kunst ist Waffe!* (1928) an die Öffentlichkeit, war jüdischen Deutschen durch seine Übersetzung und Nachdichtung von Teilen der hebräischen »Urbibel« in *Das Heldenepos des Alten Bundes* (1925) bekannt. In der Weimarer Republik hatte er zudem mit seinem naturheilkundlichen Hausbuch *Die Natur als Arzt und Helfer* (1928) als praktizierender Arzt ein Werk verfasst, das als Ratgeber auch in vielen Arbeiterhaushalten stand: weil das Buch viele Ratschläge gab, wie man sich auch bei schmalem Geldbeutel gesund ernähren konnte, weil es in allgemeinverständlicher und moderner Sprache die neusten Erkenntnisse der Medizin enthielt und weil es einen umfangreichen Abbildungsteil sowie ein Schlagwortregister hatte.
Im Exil schrieb Wolf sein international beachtetes antinazistisches Drama *Professor Mamlock* (E 1933, UA 1934), das auch verfilmt wurde (1938, russisch). Im Exil entstanden auch Stücke wie u.a. das im (deutschen KZs gleichenden[59]) französischen Internierungslager Le Vernet in Ariège geschriebene Drama *Beaumarchais oder Die Geburt des »Figaro«* (E 1940, UA 1946), das Fachleute für das beste Stück Friedrich Wolfs halten.
Nach seiner Heimkehr nach Deutschland 1945 goutierte das Publikum auch Wolfs zahlreiche Fabeln, Märchen und Tiergeschichten: wie u.a. die Geschichte von der *Weihnachtsgans Auguste* (1951/1952), die noch heute von Theatern gern gespielt wird – oder das Gleichnis von den Vorurteile überwindenden fremden Vögeln *Pit Pikus und die Möwe Leila.* Gleichzeitig er-

wirbt sich Friedrich Wolf in der Nachkriegszeit auch einen Ruf als Autor von Filmerzählungen wie u.a. *Der Rat der Götter* (E 1949, UA 1950) und den Film *Thomas Müntzer* (UA 1956). Wie im Falle des Thomas Münzer (der nach Wolfs Tod seine Uraufführung am 23. 12. 1953 im Berliner »Deutschen Theater« erlebte) bearbeitete er seine Stoffe oft gleichzeitig für Bühne und Film.

Bei Friedrich Wolf handelt es sich um einen Autor, so Walter Jens 1994: »der in der Literaturgeschichte unseres Landes *zurecht einen herausgehobenen Platz einnimmt*«, »*einen bedeutenden, gottlob umstrittenen, hier und dort vordergründiger Agitation verfallenden, in den Meisterwerken hingegen excellenten und unanfechtbaren Schriftsteller*«.[60] Der von Walter Jens festgestellte Wechsel zwischen starken und schwachen Stücken hat paradoxerweise auch mit der Intensität und Ganzheitlichkeit des sozialen Engagements von Wolf zu tun, der sich immer wieder dazu überreden ließ, gesellschaftliche Aufgaben zu übernehmen und die eigene *künstlerische Arbeit* in den Hintergrund zu rücken. Typisch für diese Haltung ist Wolfs Auskunft aus den Jahren des 2. Weltkriegs: »Viele Schriftstellerkollegen fragen mich immer wieder, was schreibst Du jetzt als Dramatiker, als Kinoszenarist? Ich muß den Kameraden sagen: *Augenblicklich bin ich kein Dramatiker, sondern ein Akteur mitten in dem größten Drama, das die Welt erlebt hat.*«[61]

Hierin unterschied sich Wolf von Brecht, der geistig immer auf der Höhe seiner Zeit stand, aber seine Hauptaufgabe darin sah, gute Stücke zu schreiben. Brecht konzentrierte sich auf die eigentliche Aufgabe des Künstlers. Bei Wolf kam die künstlerische Arbeit immer wieder zu kurz. Die Literaturgeschichte hat nicht ihm, sondern Brecht Recht gegeben.

Friedrich Wolfs sozialrevolutionäres Engagement, sprich: seine auf die Gewinnung von Menschenwürde und Gerechtigkeit orientierten Weltveränderungskonzepte, verweisen auf den sozial-ethisch geprägten Identitätskern seiner Persönlichkeit. Zeitlebens wird er dem Avantgardistischen, Neuen und Vorwärtsweisenden aufgeschlossen bleiben. Ziel seines gesamten Strebens ist das Erreichen des Humanum. Im Humanum als Ziel verkörpert sich für ihn – wie anfangs zitiert – der *»uralte Menschheitstraum des Messiasreichs, des Reichs der Gerechtigkeit von dieser Erde«*. Julius Ransenbergs Sohn Gunter sieht denn auch Wolfs Werk »aus dem religiösen Sozialismus geboren, der im Alten Testament seinen Niederschlag gefunden hat und aus dem tiefen Drang nach Recht und Menschenwürde, die so tief in dem Bewusstsein seiner verfolgten Gemeinschaft verwurzelt ist.«[62]

Der mosaisch-sozialrevolutionär geprägte Kern von Wolfs Persönlichkeit und dessen »biblisch kämpferischer Eifer für Gerechtigkeit« (Feuchtwanger) blieb weder Freunden verborgen, noch den Kritikern Wolfs. So bemängelt Julius Hay (nach seinem Abfall vom Kommunismus) die politisch wenig geschulte Naivität Wolfs in dessen Moskauer Zeit: »Friedrich Wolf gehört zu den seltenen Menschen, die jederzeit bereit waren, einem eine Blutspende von unverfälschtem Optimismus zu verabreichen. Sicher war das seiner großen, offenen Naivität zu verdanken.«[63]. Andere Weggefährten hingegen sehen in der bewahrten Jugendlichkeit Wolfs, seiner »Naivität«, seinem Optimismus und seiner Offenheit eher Positives. »Ein großes, feuriges Herz schlägt nicht mehr«, sagte beispielsweise Wolfgang Langhoff an der Bahre des Dichters[64]. Und Alfred Kantorowicz schilderte (nachdem er aus der DDR hatte emigrieren müssen) beides an Friedrich Wolf: »seine entwaffnende Naivität« und die – auch aus dieser idealistischen Naivität gegenüber dem Parteiapparat resultierenden – »Widersprüche, in die der vornehme, gütige und *menschenfreundliche Altkommunist Friedrich Wolf gestellt war*«[65].

Ein Feuerkopf blieb Friedrich Wolf zeitlebens – besonders, wenn es um mehr Menschlichkeit und Gerechtigkeit ging. Seine Warmherzigkeit, sein Idealismus und seine Unbedingtheit waren seine Stärke, machten aber in Teilen seines Werks zugleich seine Schwäche aus. Wer wie Wolf nach dem Beethoven-Motto lebte, *»Ich will dem Schicksal in den Rachen greifen; ganz unterkriegen soll es mich gewiss nicht«*[66], der forderte das Leben heraus – und die jeweiligen Machthaber. Biographisch gesehen wurden Wolfs kämpferischer Humanismus, sein soziales Engagement und sein Antifaschismus spätestens seit 1933 durch zwei Diktaturen beschädigt: vor allem durch den deutschen Faschismus, aber auch durch die Terrorherrschaft Stalins und dessen schlimmes Erbe.

Auch in der DDR musste sich der Humanist Friedrich Wolf verbiegen; er verbog sich und – wurde verbogen. Es gibt viele Klagen Wolfs über fehlende Demokratie in der DDR, über Bürokratismus und über die Gängelung durch »Apparatschiks«[67]. So notierte er zum Beispiel im Jahr 1952: »Ein schöpferischer warmblütiger Mensch kann nicht (dauernd) ohne Schädigung seiner Gesundheit in einem Eiskeller leben. Dies zur heutigen Frage: *Schaffende Künstler und Kritik.*«[68]

Friedrich Wolf starb so, wie er gelebt hatte: leidenschaftlich und warmblütig, aufbegehrend selbst in der Niederlage. Er starb voller Zorn über Fehlentwicklungen in der DDR. Vom letzten Gesprächspartner, Pfarrer Karl Kleinschmidt, sind –

wenige Stunden vor dem Tod des Dichters – Wolfs »Worte des Zorns« überliefert. Sie waren am 4. Oktober 1953 »Worte des Zorns« über die *Staatliche Kunstkommission der DDR*, die eine »Last für Kunst und Künstler ist«[69]. Wolf verlangte imgrunde die Abschaffung dieser »Kunstkommission«, wenn er Kleinschmidt um dessen Mithilfe bat *»bei der Befreiung des künstlerischen Schaffens von bürokratischer Bevormundung und bürokratischer Einengung«*[70].

Dass Friedrich Wolf *aus inhaltlichen Gründen* auch im Todesjahr einmal mehr im Streit mit der SED-Führung lag, zeigen Dokumente. Wolf hatte auch nach dem 17. Juni 1953 weiter auf die Weisheit der Volksmassen gesetzt und zu Beginn seines *Thomas Münzer*-Stücks die deutsche »Einheit von unten« verlangt: »Heller als Brände und Flammenzeichen: /Auf, laßt uns den Brüdern überm Main die Hände reichen!« (GW, 6, 286). Nach dem 17. Juni war Wolfs Grundvertrauen in die Volksmassen der Staatsführung des »Arbeiter- und Bauernstaates« allerdings suspekt. Auch deshalb kam es Anfang Juli 1953 beim »Komitee für Filmwesen« der DEFA zu einem Streit zwischen Friedrich Wolf und dem zuständigen SED-Politbürovertreter Kurt Hager über den *Müntzer*-Film Wolfs[71]. »Laßt uns den Brüdern überm Main die Hände reichen!«: Wolf hielt noch am 1. Oktober 1953 an dieser Forderung fest und verlangte, *»für die Einheit unseres Landes zu kämpfen, für ein humanes Leben der sozialen Gerechtigkeit und des Friedens«* (GW, 16, 507). Vier Tage später war er tot. Heute wissen wir, dass die SED-Führung nach den Ereignissen des 17. Juni 1953 von der bis dahin geforderten »Einheit Deutschlands« abrückte und damit begann, die später verbindliche These von der »sozialistischen Nation« DDR auszuarbeiten.

Der komplizierte Lebensablauf Friedrich Wolfs mit all seinen Brüchen zeigt diesen als durchaus typischen Vertreter jener großen Zahl aus dem Bürgertum stammender deutscher Künstler und Intellektueller, die Anfang des 20. Jahrhunderts der spießigen Untertanenmentalität des verpreußten Deutschen Kaiserreichs und der sozialen Zerrissenheit der bürgerlichen Epoche mit antibürgerlichem Trotz, später mit der Hinwendung zu einem sozialromantischen Antikapitalismus und zum »Proletariat« zu begegnen begannen. Die individuelle Zerrissenheit auch der eigenen bürgerlichen Lebenszusammenhänge schien positiv aufhebbar in einem neuen »historischen Subjekt«, das als identitätsstiftend angesehen wurde: durch die »revolutionäre Arbeiterklasse«, der eine »historische Mission« zugewiesen wurde. So engagiert sich der als überzeugter Kriegsgegner aus dem 1. Weltkrieg heimgekehrte Wolf zunächst in der SPD und dann in der USPD, tritt dann (als bereits 40-Jähriger) 1928 der KPD bei. Die sozialen Gegensätze in der Weimarer Republik und die Enttäuschung über die Politik der SPD als Regierungspartei hatten viele deutsche Intellektuelle und Künstler politisch weit nach links abgetrieben: in die Arme der Kommunisten.
Wie viele andere deutsche und insbesondere jüdische Künstler hing Friedrich Wolf seitdem dem Kommunismus als einer Art säkularisiertem Messianismus an, wurde zum Anhänger einer politischen Glaubensgemeinschaft, die sich sicher war, dass der Kommunismus durch die Abschaffung der »Klassengesellschaft« die Menschheit von Ausbeutung, Hunger und Krieg erlösen würde. Auch huldigte Wolf als nichtreligiöser Jude bis hinein in sein letztes Stück einer romantisierten *Befreiung von unten*, die »die wahre Gerechtigkeit – *das Reich Gottes dieser Erde* – umsetzen« wollte (GW, 6, 410f.). Für Elie Wiesel ist es

nicht verwunderlich, dass »viele jüdische Intellektuelle vom Kommunismus fasziniert waren«: »Der Kommunismus war eine Art Messianismus. Im ursprünglichen Kommunismus steckt eine prophetische Botschaft: Freiheit für alle Menschen, Frieden unter den Völkern, eine Gesellschaft ohne Hass, ein Ende des Bösen, der Diskriminierung und der Schande. Gerade Juden, die immer unter Diskriminierung und Verfolgung gelitten hatten, glaubten an den *Kommunismus als eine neue Religion.* Für sie war der Kommunismus eine Heilsbotschaft ohne Gott«[72]. Der Kommunismus wurde zur politischen Religion, bescherte seinen Anhängern – wie andere Glaubensgemeinschaften auch – gleichzeitig innere Festigkeit und Blindheit gegenüber unerwünschten Realitäten.

Die eschatologische Utopie des Kommunismus gab Friedrich Wolf auch dann nicht auf, als die Lebenswirklichkeit des »Sozialismus« in offensichtlichem Widerspruch zu dessen Idealen stand. Die *Heilsbotschaft Kommunismus* sah er wohl trotz aller gegenteiligen Erfahrungen bis zu seinem Tode als prinzipiell einlösbar an. Dass sein *säkularisierter sozialrevolutionärer Messianismus* einer menschenwürdigeren besseren Welt durch die Praxis des Stalinismus bei den Menschen kompromittiert und längst in sein Gegenteil umgekippt worden war, scheint Wolf nicht mehr erkannt zu haben. Wie viele andere Emigranten hielt er an den verratenen Idealen fest. Es bleibt die Tragik von Friedrich Wolfs Leben, dass er – wie selbst viele Opfer des Stalinismus – von einem entarteten »Sozialismus« nicht loslassen konnte. Für Wolf schien im Sozialismus noch immer ein letzter schwacher Hoffnungsstrahl jener besseren Welt enthalten zu sein – jener besseren Welt, in deren Dienst er sein Leben gestellt hatte.

Friedrich Wolf starb 1953, hat die interne Enthüllungsrede Chrustschows von 1956 über das Ausmaß der Stalinschen Verbrechen nicht mehr erlebt und drang daher nicht mehr zur Einsicht Brechts durch, der nach dem XX. Parteitag der KPdSU 1956 Stalin als den *»verdienten Mörder des Volkes«* ansah[73]. Nicht bekannt waren Wolf auch auf Beschluss des Stalinschen Politbüros infolge des Februar/März-Plenums der WKP(B) [das ist die spätere KPdSU; H.M.] entstandene geheime NKWD-Befehle, wie u. a.:

- der NKWD-Befehl Nr. 00439 vom 25. Juli 1937, der die *Verhaftung »aller Deutschen«* verfügte, was sowohl Politemigranten deutscher wie russischer Staatsangehörigkeit, Arbeiter und Spezialisten und Sowjetdeutsche (u. a. aus der Wolgadeutschen Sowjetrepublik) betreffen konnte;
- der NKWD-Befehl Nr. 00477 (vom 31. Juli 1937) und der NKWD-Befehl Nr. 00486 (vom 15. August 1937) *Über die Repressierung von Familienangehörigen*, der zu Massenverhaftungen unter den Frauen von Verhafteten führte[74] – und der »Sippenhaft« der Nazis glich.

Wie neue Forschungen zeigen, gab es in der Sowjetunion der Jahre 1937/38 allein 70.000 Verhaftete, die der Kategorie »Deutsche« zugeordnet wurden. Für den Verfolgungswahn, der damals gegenüber »Ausländern« herrschte, spricht auch die Aussage im offiziösen *Journal de Moscou*: »dass jeder außerhalb Japans lebende Japaner ein Spion ist, ebenso *wie jeder deutsche Bürger, der im Ausland lebt, ein Spion der Nazis ist«*.[75] Diese Ansicht des Politbüros der KPdSU schlug sich auch in der massenhaften Verhaftung deutscher Kommunisten nieder.

Friedrich Wolf und seine Familie haben die *Tschistka*, die Moskauer Schauprozesse, den *Großen Terror* Stalins und das Klima der Angst durch den Generalverdacht, alle deutschen Emigranten seien Spione, hautnah mitbekommen. Nach und nach wurden Mitstreiter und Freunde von ihm verhaftet wie u. a.: Sergej Tretjakow, Carola Neher und Asja Lacis. Wolf arbeitete als Autor eng mit dem »Deutschen Staatstheater« in Engels zusammen, der Hauptstadt der Wolgadeutschen Republik: Auch in Engels nahmen die Verhaftungen zu. Das ist spätestens seit 1988 bekannt: seit meinem Interview mit Wolfs Sohn Markus Wolf[76] – besonders aber meinem Referat auf dem Internationalen Friedrich-Wolf-Symposion im Dezember 1988, in dem ich anhand von Briefen Wolfs auch an das grausame Schicksal von *Lotte Rayß* erinnerte: der langjährigen Mitarbeiterin und jungen Geliebten Friedrich Wolfs schon in Stuttgarter Tagen, die dem Dichter mit der gemeinsamen Tochter Lena aus der Schweiz in die Sowjetunion nachgefolgt war[77].

Noch im französischen Exil packt Wolf das Grauen, wenn er schreibt, dass »Lotte ebenfalls »versichert« [gemeint ist: verhaftet; H.M.] wurde; leider konnte ich von hier aus nichts tun«[78]. Schon 1934 hatte sich Wolf um Lotte Rayß gesorgt, u. a. für sie sein Flüchtlingsgedicht *Mutter und Kind* geschrieben, das so begann: »Mein Kindchen, ich kann dich kaum mehr tragen, /Wann wirst du endlich geboren sein./Die Hausleute schielen, die Nachbarn klagen, /Die Polizei schickt den Ausweisungsschein./ Nicht mehr lang, du, /Sei nicht bang, du!« (GW, 12, 92). Jetzt hatte die deutsche Emigrantin Lotte Rayß ein sehr viel schlimmeres Schicksal getroffen als Wolf es im Gedicht beschrieben hatte.[79]

Am Schicksal von Lotte Rayß litt Friedrich Wolf besonders, machte sich Sorgen um sie – und erhielt schließlich ihre Adresse in einem Lager des GULAG. Denn Lotte Rayß musste

Stuttgart 1931: Friedrich Wolf und seine Söhne Konrad (links) und Markus (rechts)

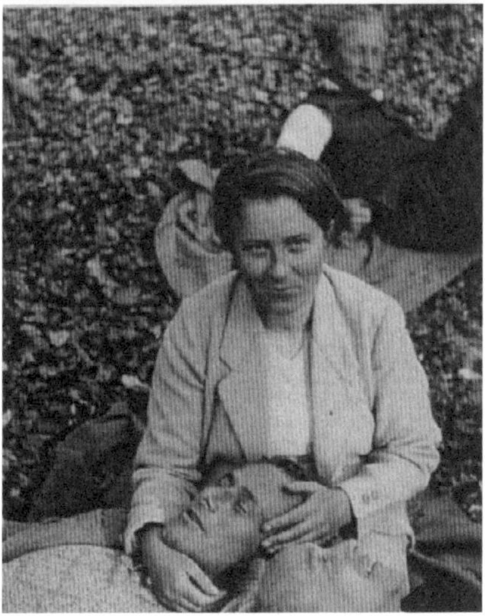

Exil 1933, Basel: Friedrich Wolf mit Lotte Rayß

nach ihrer ungerechtfertigten Verhaftung im Februar 1938 über sieben Jahre lang zunächst die Hölle der Lager Stalins durchmachen und später weitere sieben Jahre der Verbannung in Karaganda (Kasachstan). Wolf wusste zwar um Lottes Schicksal – aber er sah die Mutter seines Kindes nie wieder. Er war bereits tot, als sie im Oktober 1954 – mit schweren körperlichen und seelischen Verletzungen – nach Berlin (DDR) zurückkehren durfte.[80]

Wolf selbst saß bis Ende 1937 in der »Menschenfalle Moskau« fest[81] und musste miterleben, dass viele enge Freunde ein ähnliches Schicksal durchleiden mussten wie Lotte Rayß. Die Atmosphäre des Misstrauens und der Angst als Massenphänomen bekam nicht nur Friedrich Wolf mit, sondern auch seine Söhne. Markus Wolf erinnert sich: »In den folgenden Jahren [nach dem Mord an Kirow Ende 1934; H.M] setzten Verhaftungen und Verfolgungen ein, die immer größeren Umfang annehmen. Im Umfeld unserer Familie verschwinden zuerst Väter von russischen Mitschülern, die in Deutschland tätig gewesen waren, dann werden Väter unserer deutschen Klassenkameraden und einzelne Lehrer verhaftet. Im *Hotel Lux* ziehen immer mehr Angehörige von Verhafteten aus dem Hauptgebäude in die Gemeinschaftswohnungen auf dem Hinterhof. (...) Es beginnen große öffentliche Prozesse gegen die prominentesten ›*Feinde des Volkes*‹. Ein schlimmes Wort ...«[82].

Wie die Eltern wurden auch die Kinder der Wolfs von der herrschenden Panik durch die massenhaften Verhaftungen deutscher Emigranten angesteckt. Eva Siao überlieferte den Gemütszustand des damals halbwüchsigen Markus Wolf: »Ich werde das nie vergessen, wie Mischa weinend auf dem Sofa zusammenbrach und sagte: *wenn's Pappele hier wäre, hätten*

sie's Pappele auch geholt.«[83] Das »Pappele« war da glücklicherweise schon ins französische Exil ausgewichen.
Die für den »Himmel schon auf Erden« zu kämpfen meinten, gingen durch die Hölle. Die Enttäuschung über die wirklichen Zustände in der Sowjetunion, die man als »Vaterland des Proletariats« verehrt hatte, war groß. Friedrich Wolf versuchte in seiner Moskauer Zeit zu helfen, wo noch zu helfen war. U.a. nahm er die Familie des verhafteten Kommunisten Wloch auf und half gefährdeten Freunden dabei, die Ausreisegenehmigung aus der Sowjetunion zu bekommen.[84]
Gleichzeitig aber kämpfte Wolf in einem Klima, in dem Jeder Jeden verdächtigte, buchstäblich um sein Leben: zum Beispiel auf der – ob der gegenseitigen Denunziationen noch heute Schaudern machenden – Moskauer *»Geschlossenen Parteiversammlung der Deutschen Kommission des Sowjetschriftstellerverbandes« vom 4. bis 8. September 1936.* Er rettete sich mit einem rührend-naiv anmutenden, in Wirklichkeit aber geschickten Rückzug, indem er Selbstkritik übte: seine politische Bildung sei noch zu gering, gesellschaftlich sei er noch zu inaktiv.[85] Es spricht vom Mut Friedrich Wolfs, dass er auf der angesprochenen Parteiversammlung der deutschen Schriftsteller im September 1936 das entwürdigende Klima in der damaligen Sowjetunion schon zu Beginn der mehrtägigen Sitzungen kritisiert: »...habe ich bei einigen Genossen, nicht bloß bei deutschen Genossen, eine gewisse Panik beobachtet, dass sie kaum noch wagen, deutschen Genossen die Hand zu geben.«[86] Am 8. September, dem Schlusstag der Parteiversammlung, die eher einer Vernehmung glich, bringt Wolf den inneren Zwiespalt, der damals in den Köpfen Moskauer Emigranten herrschte, offen zur Sprache: »Jeder Mensch, der dialektisch funktioniert, hat

alle Gedanken in seinem Kopf. Die Frage ist nur, welchen Gedanken ich rauslasse. Es ist selbstverständlich, der Mensch ist schuldig. Daneben *entsteht der Gedanke, der Mensch ist unschuldig.* Aber bloß der Gedanke, der ist da irgendwo, der kommt nicht zum Vorschein.« Wolf kritisiert in seiner Einlassung den Gedanken, immer nur auf »schuldig« zu orientieren als einen »atavistischen Gedanken« – wie wenn »man vor einem kleinen neugeborenen Kind steht und weiß, der Schädel ist offen da und die Zwangsvorstellung hat, du musst jetzt zudrücken«. Dies dürfe nicht passieren.[87]

Zu den treuen Parteigängern Stalins und zu den Scharfmachern gegen vermeintliche Spione gehörte Wolf nicht. Ob er die These von der »Einkreisung« der Sowjetunion durch westliche und faschistische Spione teilte, wissen wir nicht. Schon damals aber hatte sich Friedrich Wolf am Widerspruch zwischen sozialistischem Ideal und stalinistischer Realität zerrieben - einem Leiden, das Ludwig Marcuse bereits im Moskau des Jahres 1937 bei Wolf diagnostizierte:

»Eine echte Freundschaft verband mich mit Friedrich Wolf, dem gemütvollen roten Sudermann. Er litt – und trug es, weil er glaubte, dass, was da wird, allen Leidens wert ist. Ich lernte durch ihn den *Passionsweg eines Dramatikers* kennen, dem die Herrschaft der Funktionäre nicht an der Wiege gesungen worden war.«[88]

Unter den Bedingungen des Moskauer Exils deutscher Schriftsteller und ihrer Isolation gewannen überdies allgemeinmenschliche Probleme wie Neid, Konkurrenz, Vorurteile, Intrigen, Verleumdungen und Cliquenwesen eine bedenkliche Dimension. Schriftsteller schrieben über die Werke anderer Schriftsteller »Literaturkritiken«, die in Wirklichkeit politische

Diffamierungen waren. Hinzu kamen alte Feindschaften. Hierfür steht die Verleumdung Friedrich Wolfs durch Johannes R. Becher auf einer Sitzung der deutschen Schriftstellersektion im Jahre 1937. So zitiert der Exilforscher Pike aus einem Bericht von Willi Bredel:

»Auf die Frage, wer denn Wolf habe v e r n i c h t e n wollen, erwiderte Weinert, Genosse Becher habe ihm hinterher gesagt, Friedrich Wolf solle g e s c h l a c h t e t werden. (Becher bestreitet nicht, dies gesagt zu haben.)«[89]

Die Gefährdung Wolfs nahm zu, äußerte sich auch in wachsender Kritik an seinen Stücken in der sowjetischen Presse. Die schon langjährige enge Freundschaft mit dem in der Sowjetunion sehr beliebten russischen Dramatiker Wsewolod Wischnewski *(Die Optimistische Tragödie)* und die schützende Hand Wilhelm Piecks haben dem deutschen Juden und Emigranten Friedrich Wolf in Moskau wohl das Leben gerettet. Vieles liegt hier noch im Dunkel.

Belegt ist zumindest eines: Mit den Worten *»Ich warte nicht, bis man mich hier verhaftet, da will ich lieber etwas Nützliches tun«*[90] flüchtete Friedrich Wolf Ende 1937/Anfang 1938 vor dem Terror Stalins aus Moskau über Skandinavien ins französische Exil[91]. Schon damals war auch sein Schaffen oft genug durch stalinistische Kulturbürokraten beschädigt worden[92]. Aber zu einer fundamentalen Gesamtkritik dieses autoritär-repressiven Systems ist Wolf – trotz wiederholter mutiger Interventionen gegen stalinistische Praktiken und seiner Hilfe für Opfer des Stalinismus – nicht vorgedrungen: Er durchschaute nicht, dass seit Stalins Herrschaftsantritt die Ideen des Kommunismus eine verbrecherische Dimension bekommen hatten.

Zwar bedrückten Wolf seine Erfahrungen im Moskauer Exil, was der aus der Westemigration heimgekehrte Alfred Kantorowicz 1947 an Wolf sofort bemerkt: »Seine menschliche Substanz ist unangreifbar, seine echte liebenswürdige Naivität hat ihn vor Verfrostung und Verkrustung bewahrt. Aber ich finde ihn trotz seines heiteren rheinischen Lebensgefühls vergleichsweise bedrückt. *Wenn ich ihn nach den Erlebnissen drüben in der Sowjetunion frage, weicht er aus. (...) Er schien mir verzagt.*«[93]
Aber Wolf hat dann – wohl in der Erwartung, dass sich die Schrecken der Stalinzeit nicht wiederholen würden und man nun in einer »antifaschistischen Demokratie« in Deutschland alles besser machen würde – nach 1945 nicht ausreichend wahrgenommen, dass sich die Herrschaftsformen der stalinistischen Diktatur in den Staaten des »realen Sozialismus« fortsetzten.
Das dient seinen konservativen Kritikern bis heute zur Behauptung, auch sein mutiger Kampf gegen die Diktatur Hitlers sei imgrunde nichts wert gewesen, Wolf habe den Teufel mit Beelzebub austreiben wollen. Derartige *Rot-Gleich-Braun*-Schemata verkleinern nicht nur die Leistungen des Widerstands gegen den Faschismus; sie lenken zudem von den deutschen Verbrechen der Jahre 1933 bis 1945 ab. Stattdessen hat Brechts Devise zu gelten: »Mögen andere von ihrer Schande sprechen, ich spreche von der *meinen.*«[94]
Wo der Stalinismus in der Realität längst seine kommunistischen Menschheitsträume widerlegt hatte, fand bei Wolf das statt, was Adorno (von Georg Lukács sprechend) eine *»erpresste Versöhnung«* nennt[95]: eine *erpresste Versöhnung* zwischen Ideal und Wirklichkeit, Lebensträumen und Alltagserfahrung, die Verdrängung und wachsenden Realitätsverlust mit sich brach-

ten. Der Idealentwurf Kommunismus wurde zur quasi-religiösen Denkfigur überhöht, zur letzten Berufungsinstanz eines absoluten Wahrheitsanspruchs – der Widerspruch zwischen den Idealen und der sie pervertierenden Wirklichkeit musste immer wieder per Wunschdenken verdrängt werden.

Das Leben warf mich durch die Welt genug: Nach einem bewegten Leben hielt Friedrich Wolf an seinen Utopien fest, wollte sich im Alter seinen Lebenstraum nicht mehr zerstören lassen. Das führte bei ihm zu (aus der Wahrnehmungspsychologie her bekannten) Erscheinungen der selektiv stark eingeschränkten, subjektiv eingetrübten Wahrnehmung der wirklichen Wirklichkeit. Genau hierin liegt die Tragik der letzten Jahre des Friedrich Wolf: *Einerseits* blieb sein aktionsreiches Leben und Wirken weiterhin von dreierlei geprägt: von seinem überbordenden Idealismus und Utopismus, der oft genug an der Realität vorbeiging; *zweitens* von seinem messianischen Impetus der sozialen und moralischen Veränderung und *drittens* von seiner unerschütterlichen Liebe zu den Menschen. *Andererseits* funktionierten die Verdrängungsmechanismen der »erpressten Versöhnung« bei Wolf in dessen letzten Lebensjahren immer weniger.

In Privatgesprächen sprach er das offen aus, was er wirklich dachte. Das schloss bei Wolf schon 1949 das ein, was bis zum Ende der DDR nicht offiziell ausgesprochen werden durfte: die Kritik des Stalinismus. So berichtete mir der schon damals von stalinistischen Erscheinungen in der DDR enttäuschte Neuwieder Jungkommunist und FDJ-Funktionär Herbert Bartholmes über ein Gepräch mit Wolf Ende 1949: »Ich muss mir heute die Aufzählung all der Stalinschen Lügen ersparen, die ich Wolf vorhielt. Wolf hatte mir schweigend zugehört und ab und zu

genickt. Dann unterbrach er mich und sagte: ›*Ich habe Heinz Neumann, Willi Münzenberg und andere Mordopfer gekannt – sie alle waren hingebungsvolle Kommunisten. Ich hoffe, Du wirst es noch erleben, dass Stalins Opfer rehabilitiert werden! Wenn diese Zeit gekommen ist, dann denk an unser Gespräch! Ich werde Dir dann aus meiner Urne zublinzeln! Lass Dich trotz allem nicht entmutigen! Behalte Deine Grundeinstellung.*‹«[96]
Für eine prinzipiell antistalinistische Haltung Friedrich Wolfs spricht auch die Empörung, mit der er im Juli 1949 den Beschluss seiner Partei kritisiert, ihn zum »Autor einer Stalinbiografie für Kinder« bestimmt hatte: Wolf verbittet sich die »ungewöhnliche Form der Befehlsausgabe« durch das Politbüro – und lehnt es ab, diese Biografie zu schreiben.[97]
Das Grundproblem von »anständigen Kommunisten« wie Friedrich Wolf hat auf dem 1. Internationalen Wolf-Symposion 1988 ein anderer Weggefährte angesprochen – Heinrich Graf von Einsiedel, der mit Wolf eng im »Nationalkomitee Freies Deutschland« zusammenarbeitete: »daß die kommunistischen Schriftsteller, die in der Sowjetunion waren und geholfen haben, den Angriff des Hitlerfaschismus abzuwehren, sich in einer *höchst tragischen Position* befanden. Sie befanden sich in einem Lande, in dem eine anders geartete Diktatur herrschte. *Friedrich Wolf, von dem ich persönlich weiß, daß er kein Stalinist war,* beweist sein ganzes Leben, daß er für Freiheit, Menschlichkeit, Humanismus, soziale Gerechtigkeit, für Gedankenfreiheit gekämpft hat. Er kann nicht zugleich ein Stalinist gewesen sein, auch wenn er kurz vor seinem Tode einen Nachruf verfaßt hat, der höchst peinlich zu lesen ist. (...) Wir sprechen hier die ganze Zeit über das Schicksal eines deutschen Kommunisten, der einen ehrlichen, mutigen Kampf

gegen den Hitlerfaschismus geführt, dann aber einen Nachruf auf einen anderen Verbrecher gehalten hat: auf Stalin[98]. *Das ist doch eine tiefe Tragik,* die man nicht einfach stillschweigend übergehen kann. Wollen wir der Jugend einen solchen Menschen nahebringen, dann können wir nicht eine ganze Seite dieser perversen Dialektik, die die Geschichte produziert hat, totschweigen.«[99]
Ein Lieblingsmotto von Friedrich Wolf lautete: *»Das Allerheiligste ist der Mensch!«* Noch kurz vor seinem Tode stellte er diese Anforderung an sich und Andere in seiner von hoher biblischer Sprache und revolutionärem Feuer getragenen Rede über den Schöpfer dieses Mottos, Maxim Gorki. Das Allerheiligste ist der Mensch? Die DDR-Regierung und die SED-Funktionäre praktizierten das Gegenteil. Wenn er im März 1953 vom »revolutionären Romantiker« Gorki sprach (GW, 16, 449 ff.), redete Wolf imgrunde auch von sich selbst. Sechs Monate später starb er: Der Romantiker des Sozialismus, der gütige Mensch und Humanist Friedrich Wolf starb an gebrochenem Herzen. Ihm brach das Herz – im doppelten Sinne.

»Die Bühne als Heilfaktor«

Friedrich Wolf war vor allem eines: Dramatiker. Sein gesamtes dramatisches Schaffen steht dabei unter dem Konzept der *kathartischen Reinigung und der Heilung.* Der Begriff der Heilung umfasst bei Wolf als Ganzheitsanspruch sowohl die medizinisch-physische wie auch die geistig-seelische Dimension, versteht den Menschen als natürliches und soziales Wesen. Im Hausbuch *Die Natur als Arzt und Helfer* widmet sich Wolf deshalb neben ärztlich-organischen Fragen auch Problemen der Kleidung und Wohnung, der Geburtenregelung und Sozialhygiene, der Ehe, Kindererziehung, der Schule, der Arbeit und der Freizeit.

Am klarsten kommt Friedrich Wolfs Sicht des Dramas und der Tragödie zum Tragen in *Die Bühne als Heilfaktor. Zur Katharsistheorie des Aristoteles*: »Reinigung/Entladung«, »Krisis / Entscheidung« lauten unterstrichene Begriffspaare; und am Schluss der undatierten Skizze heißt es: »Das Wesen des Dramas = Entscheidungen herbeizuführen – oben auf der Bühne und unten beim Zuschauer«[100]. Zwar rekurriert Wolf hier auch auf Kapitel 6 der *Poetik* von Aristoteles. Aber Wolfs Anschauungen der reinigenden Wirkung durch die Tragödie gehen weit hinter Aristoteles zurück, verweisen auf frühe Kultpraktiken, bei denen die Katharsis die religiöse Reinigung von einer »Befleckung« bewirkt. Die Praxis der körperlichen Reinigung *(Katharmos)* geht dabei der seelischen Reinigung *(Katharsis)* voraus. Die Ärzte hingegen gebrauchten den Begriff Katharsis als terminus technicus für die reinigende Ausscheidung schädlicher Substanzen. Beim Arzt und Dramatiker Friedrich Wolf werden das Konzept der körperlichen und der seelischen Reinigung wieder zusammengeführt. So sieht er in *Die Bühne als Heilfaktor* die im Drama kathartisch herbeigeführte »Krisis/ Entscheidung« ähnlich »wie beim Heilfieber, Hautausschlag, Katarrh«[101].

Der Katharsistheorie des Aristoteles wird Wolf in den meisten seiner Stücke folgen. Sein so auf Protagonisten und Identifikation ausgerichtetes Theater macht die Stärke seiner besten Stücke aus, aber auch die Schwäche vordergründig-agitatorischer Stücke. Im für die Theaterpraxis der folgenden Jahre

wichtigen Methodenstreit *aristotelisches Theater* oder *episches Theater* wird Friedrich Wolf nach 1945 zum prominenten (und unterlegenen) Gegenspieler Bertolt Brechts.
In den Anfängen der Wolfschen Dramenproduktion geht es wie in *Mohammed* (E 1917) und *Tamar* (E 1921, UA 1922) um die Auseinandersetzung mit der jüdischen Väterreligion sowie um den Aspekt der inneren und sozialen Gerechtigkeit in anderen Weltreligionen. Gleichzeitig macht sich Wolf einen Namen mit expressionistischen Schauspielen wie *Das bist du* (E 1918, UA 1919), *Der Unbedingte* (E 1919, UA 1921) und *Die schwarze Sonne* (E 1920, UA 1924). Schlagartig in ganz Deutschland bekannt wurde er dann durch den Erfolg seines »Schauspiels aus dem Deutschen Bauernkrieg« *Der Arme Konrad* (E 1923, UA 1924) – wohl auch deshalb, weil hier wenige Jahre nach der Niederlage der deutschen Novemberrevolution eine andere Niederlage geschildert und mit Optimismus über das Weiterwirken ihrer Ideen in der Geschichte behandelt wurde. Für sein Stück über die gleichnamige Geheimorganisation verarmter leibeigener Bauern in Süddeutschland konnte Wolf auf eine historische Stoffvorlage zurückgreifen, deren Text er während seiner ärztlichen Tätigkeit in Schwaben auffand: Das »Narrengericht«, das in einem Dorf auf der Rauhen Alb als Fastnachtsspiel noch im 20. Jahrhundert aufgeführt wurde und im 16. Jahrhundert den Auftakt zur realen Erhebung der Bauern gegen den Feudaladel gegeben hatte. Beim »Narrenspiel« trafen sich die »Gesellen vom Konrad«, hielten Gericht über die Feudalherren, zogen dann ihre Schwerter aus den Narrenpritschen, »das Spiel wurde zum blutigen Ernst« (GW, 2, 76). Wolf fühlte sich kongenial in die Bild- und Sprachgewalt des Bauerntheaters ein, schuf hier

Volkstheater im besten Sinne des Wortes. »Wir han geworfen die großen Herrn, /Die ganze Welt muß neugeboren wern,/ Neugeboren die ganze Welt, /Dazu sein wir bestellt« (GW, 2, 5) – unter dieses Motto aus dem 7. Bild stellt Wolf sein Stück. Fügt man die Worte des Bauernführers Konz nach der Niederlage hinzu über die »große Sach, die wir taten [...1 sie ward nit widerrufen [...] einmal wird sie wiederkommen« (GW 2, 75), wird ersichtlich, dass der Dramatiker ab 1923 von der historisch positiven Wirkung von Revolutionen überzeugt war und von der Notwendigkeit der revolutionären »Neugeburt« der ganzen Welt ausging. Hierfür »zu früh Geborenen« werden wir 30 Jahre später auch im Drama *Thomas Münzer. Der Mann mit der Regenbogenfahne* (E 1952, UA 1953) begegnen: »Ich bin zu früh geboren. / Ja, wo ich heute hinkumm, / Mein Glück kommt mir erst morgen« (GW, 6, 402).

Im Wertekodex des Friedrich Wolf spannt sich trotz aller Wandlungen ein großer, religiös motivierter Bogen vom »göttlichen Recht«, das dem Knaben vom Rabbiner in Neuwied vermittelt worden war, über das Motto auf den Fahnen des *Armen Konrad* (1923) »Nichts als die Gerechtigkeit Gottes« (GW, 2, 78) bis hin zum *Thomas Münzer. Der Mann mit der Regenbogenfahne* (1952) - zumal, wenn man sich vergegenwärtigt, dass der Regenbogen das Zeichen des Alten Bundes zwischen Gott und seinem jüdischen Volk nach der strafenden Sintflut ist. Das »Die ganze Welt muß neugeboren wern« im *Armen Konrad* und Wolfs Satz im Nachwort zum Münzer-Stück »Erst dieser wissende und bewußte Mensch kann *die wahre Gerechtigkeit – das Reich Gottes dieser Erde* – umsetzen« (GW, 6, 410f.) offenbaren ideelle Kontinuität und auch Wandel. An die Stelle Gottes tritt bei Wolf das Himmelreich schon auf Erden,

das er über den Idealentwurf Kommunismus für erreichbar hält. Mit dem *Armen Konrad* hat Wolf 1923 zu den Grundaussagen und Leitmotiven gefunden, die sein Schaffen bestimmen werden. Mit der Figur des *Thomas Münzer* und dessen *theokratischem Kommunismus* hat sich Wolf seit 1923 und bis in sein Todesjahr 1953 auseinandergesetzt.
Bekannt in ganz Europa und später auch in den USA wurde Friedrich Wolf durch sein Stück *Cyankali.* § 218 gegen den Abtreibungsparagraphen (E 1929, UA 1929), das 1930 auch als Film in die Kinos kam. Als praktizierender Arzt mit der Problematik der sozialen und psychischen Folgen ungewollter Schwangerschaften vertraut, schildert er am tödlichen Schicksal des Arbeitermädchens Hete, die bei einer Engelmacherin landet und mit Zyankali abtreiben will, das Gebärelend damaliger Proletarierfrauen. Hetes Hilferuf am Stückende »*Hilft... uns... denn niemand?*« (GW, 2, 345) war Anklage Wolfs und ein Plädoyer für die »soziale Indikation« zugleich. Antrieb für Wolf, dieses Schauspiel zu schreiben, war auch die Feststellung des Deutschen Ärztetages von 1928, dass »die Zahl der jährlichen Abtreibungen in Deutschland auf 500.000 bis 800.000 darunter 10.000 Todesfälle und 50.000 Erkrankungen« geschätzt wurde (GW, 2, 27 1 f). Prinzipiell ist das ganze Stück, in dem auch Kritik am Verhalten der Männer im Arbeitermilieu aufklingt, keine Rechtfertigung von Abtreibungen, sondern es tritt für eine soziale Ordnung ein, die Abtreibungen überflüssig macht. Dazu meint Wolf noch 1947: »Der § 218 sollte nicht abgeschafft, sondern überflüssig werden. Geburtenregelung ist die beste Möglichkeit, die Abtreibung zu verhindern.« (Der Spiegel 1. Jg., Nr. 1, S. 6). In der Weimarer Republik spaltete *Cyankali* das Publikum: »Nieder mit dem § 218!« – Chöre erklangen bei der

Uraufführung im Berliner Lessingtheater, andererseits gab es Handgemenge, Tränengas- und Stinkbomben in Theatern sowie die Absetzung von *Cyankali* in München[102].
Die Nationalsozialisten hetzten 1931 gegen Wolfs *Cyankali*-Stück unter der Überschrift: »*Der Jude als Verführer*« (Völkischer Beobachter, 27.2.1931)[103]. Ebenfalls 1931 wurde Wolf wegen angeblicher »gewerbsmäßig gemeinschaftlicher Abtreibung« in Haft genommen, nach Massenprotesten aber wieder freigelassen. Für den Verfasser von *Cyankali* war der »Kampfausschuß gegen §218« eingetreten, den auch Albert Einstein und Bertolt Brecht unterstützten[104].
Nach Inszenierungen in der unmittelbaren Nachkriegszeit nach 1945 und in der DDR wurde das Stück in der Bundesrepublik Deutschland in den sechziger Jahren von der Frauenbewegung und anderen neuen sozialen Bewegungen wieder aufgenommen. Heutige Auseinandersetzungen um den §218 und um die »soziale Indikation« zeigen die Aktualität der Problematik des *Cyankali*-Stückes – und auch weltweit ist die von Wolf geschilderte Tragödie der Hete nicht vom Tisch: Noch immer sterben viele Frauen an unsachgemäßen Schwangerschaftsabbrüchen.
Vor Friedrich Wolfs erzwungenem Exil 1933 machte ihn ein zweites Stück endgültig zu einem der prominentesten Dramatiker der Weimarer Republik: *Die Matrosen von Cattaro* (E 1930, UA 1930), die in den dreißiger Jahren auch in den USA zu einem großen Erfolg wurden. Der Aufstand revolutionärer Matrosen im Kriegshafen Cattaro (dem heutigen Kotor in Montenegro), ihre Niederlage und standrechtliche Erschießung war eines jener Wolfschen Revolutionsdramen, bei denen der Zuschauer aus der Vorführung historischer Niederlagen

lernt. Die »dramatische Urzelle«, von der Hans Mayer in vielen Schauspielen Friedrich Wolfs spricht[105], der Mittelpunkt und Kern des Stückes also, ist das auf der Bühne sichtbare Hissen und Niederholen der roten Fahne: »Der Matrosenaufstand treibt zum Höhepunkt der Rebellion, deren Ursachen, Träger und Gegenspieler zuvor gezeigt wurden. Die rote Fahne als Signal der Rebellion wird gehißt, es folgt der Umschwung, das Absinken der revolutionären Bewegung. Als die rote Fahne niedergeholt werden muß, ist der engere Kreis der Ereignisse geschlossen, das Schicksal der Rebellen besiegelt. Aber der Zuschauer weiß, daß diese für den Augenblick niedergeholte Fahne an zahllosen anderen Stellen der Welt wieder aufgezogen wird, so daß die Niederlage doch für den Betrachter als Weg zu neuem Sieg verstanden werden kann.«[106]. Die Schlussworte des Franz Rasch: »Das ist nicht das Ende, Leutnant, das ist erst der Anfang!« (GW, 3, 93) demonstrieren historischen Optimismus und orientieren auf eine erfolgreiche Revolution in nicht allzuferner Zukunft.

Das eigentlich nicht misszuverstehende Stück hat dennoch groteske Missdeutungen erfahren. In der Sowjetunion der 30er Jahre zum Beispiel wurden *Die Matrosen von Cattaro* 1937 in Leningrad wegen des Niedergehens der roten Fahne am Ende des Dramas von der Bühne genommen, was das Regierungsblatt *Iswestija* zu begründen versuchte: Wolfs Matrosenstück sei »defaitistisch und politisch gefährlich«, die Absetzung geschehe »entsprechend einer Forderung des Leningrader Publikums« (4. Juli 1937). Zur Zeit des Stalinschen Terrors war diese »Theaterkritik« eine unverblümte, eine tödliche Bedrohung des Autors. Wolf verstand – und wich Anfang 1938 ins französische Exil aus.

Von der Frontstellung freiheitliche Demokratie contra Sozialismus im Kalten Krieg waren hingegen die ablehnenden Reaktionen auf die *Matrosen von Cattaro* bei deren Berliner Wiederaufnahme im Februar 1947 geprägt. »Hier wird vorgeführt, wie abwegig und gefährlich es wäre, demokratisch zu sein, wenn es um eine Sache geht«, bemängelte der Berliner *Kurier*, der *Tagesspiegel* kritisierte den »diktatorischen politischen Stil« und die »Tendenzlehren« jener Soldaten-, Matrosen- und Proletarierstücke. Und ganz im Geiste des Kalten Krieges - kommentiert eine andere Rezensentin: »Beunruhigt leiht man sich vom Nachbarn das Theaterglas aus, um festzustellen, ob auf der Roten Fahne, die über dem Verdeck des Kriegsschiffes flattert, sich nicht schon ganz heimlich das Hakenkreuz eingenistet hat«. Hier wurde ein Mann als heimlicher Faschist denunziert, der im Kampf gegen den Faschismus sein Leben riskiert hatte. Die Polemik gegen Friedrich Wolf und seine Stücke *Cyankali* und *Die Matrosen von Cattaro* wurde im Februar/März 1947 von Westberliner Blättern mit aller Schärfe geführt.[107] Der Krieg um das Berliner Theater war die geistige Generalprobe für den alsbald einsetzenden Kalten Krieg der politischen Systeme.

»Der Mann, der *Professor Mamlock* schrieb«

Mit seinem *Professor Mamlock* von 1933 (UA Januar 1934: jiddisch; UA Juli 1934: hebräisch; UA November 1934: deutsch) schrieb sich Friedrich Wolf in die internationale Theater- und Literaturgeschichte ein. Nach seiner Flucht aus Nazideutschland ab März 1933 in wechselnden Exilorten in Österreich, der Schweiz und in Frankreich niedergeschrieben, vollendete Wolf sein Stück im Juli 1933 (in Frankreich). Angesiedelt zwischen Mai 1932 bis April 1933 schildert das atmosphärisch dichte Drama am Schicksal des von den Nazis aus dem Amt und in den Tod getriebenen Klinikchefs Professor Hans Mamlock die Anfänge der Judenverfolgung im Dritten Reich. Wolf stellte auf die Bühne, was jeder sehen konnte, der nicht wegsah: wie über Boykottkampagnen gegen jüdische Geschäfte (»Kauft nicht bei Juden!«) und über das »Gesetz zur Wiederherstellung des Berufsbeamtentums« schon 1933 jüdische Deutsche systematisch aus dem öffentlichen Leben herausgedrängt wurden – und wie dies einherging mit der Verfolgung von Vertretern der Arbeiter- und Gewerkschaftsbewegung. Seine jüdische Herkunft, seine Berufspraxis als Arzt und sein Engagement in der Arbeiterbewegung erlaubten Wolf einen besonders präzisen und glaubwürdigen Zugriff auf die Tragödie des konservativ denkenden Arztes Hans Mamlock (der die Politik aus seinem Krankenhaus heraushalten will) und auf den »anderen Weg« (GW, 3, 364f.), der dessen Sohn Rolf Mamlock in einer sozialistischen Studentengruppe in den Widerstand gegen die Nazis führt. Hans Mamlock, der sich zu lange auf seinen Arztberuf und dessen unpolitischen Ethos beschränkt und an einem Deutschland festhält, das die Nazis längst zerstört hatten, ruft im Sterben der Nachwelt zu: »*Denn kein größeres Verbrechen gibt es als nicht kämpfen wollen, wo man kämpfen muß!!*« (GW, 3, 359). Als in der Klinik alle von ihm abfallen und ein vom Naziarzt Hellpach vorbereitetes Protokoll unterschreiben, ist dieser Satz Mamlocks gleichsam eine Mahnung an die innere Opposition gegen Hitler, den Kampf gegen die Nazidiktatur fortzusetzen. Um kämpfen zu können, braucht man Mut. Deshalb stellt Wolf das Stück unter das Motto des Danton »Pour vaincre les ennemis, il faut de l'audace, encore de l'audace et toujours de l'audace!« – *Um die Feinde zu besiegen, braucht man Mut, nochmals Mut, immerzu Mut* (GW, 3, 295).

Professor Mamlock ist eine Aufforderung zum Widerstandskampf, aber kein »proletarisch-revolutionäres« Stück. Wolf will nach eigenen Worten mit seinem Stück »das *Millionenheer der ›Zwischenschichten‹*« erreichen, auf denen »die Massenbasis Hitlers beruht«[108]. Diese Zwischenschichten nicht angesprochen zu haben, sieht Wolf als einen »unserer Kardinalfehler« an[109]. Der Mamlock wendet sich daher nicht an ein politisch linkes Publikum, sondern vor allem an die Anhänger der »liberalen Demokratie«, »wie sie in diesem *ehrlichen, gutgläubigen, anständigen Menschen Mamlock* zerbricht«[110].Angelegt ist dies nicht nur im Protagonisten Hans Mamlock, sondern auch in der sich von einer Nazianhängerin zur Antifaschistin wandelnden Figur der Inge Ruoff. Der Protagonist Professor Hans Mamlock selbst ist deshalb als tragischer Held angelegt und soll in Inszenierungen nicht als »bürgerlich« denunziert werden, wie aus einem Brief Wolfs an ein interessiertes linkes Theater in New York hervorgeht:

»Wenn es gelingt, diesen Mamlock in seiner ganzen verwitterten Größe als den idealistischen tragischen jüdischen Don Quichote zu zeichnen, als – es ist kein Paradox – *den letzten jüdischen Ritter*, dann hat das Stück die Größe, die ich möchte. Auch einen solchen Darsteller braucht Ihr! So einen reckenhaften breiten Juden, wie ich sie selbst 1916 unter den jüdischen Kutschern und Handwerkern in Wilna und Grodno sah, wie Mamlock sie beschreibt, so ein Kerl, der wie ein wildes Kind ist; dem man dann im letzten Akt den Zusammenbruch seines Glaubens an die Menschheit glaubt, dem man diese ›idealistische‹ Welt wie ein Spielzeug zerschlägt! Hierfür ist für Deutschland Alexander Granach wunderbar!«[111].

Mit Alexander Granach in der Hauptrolle wurde der *Mamlock* denn auch am 19. Januar 1934 am Jüdischen Kaminski-Theater in Warschau auf Jiddisch unter dem Titel *Der gelbe Fleck. Dr. Mamlocks Ausweg* welturaufgeführt. Für Granach, einen nicht nur in Deutschland bekannten Schauspieler, war die jiddische Sprache die Sprache seiner galizischen Heimat. Bereits bei der Warschauer Weltpremiere schlug der Mamlock ein: »Das Publikum spielte mit, unterbrach die Vorstellung mit Kundgebungen, man wollte den Hellpach [den Naziarzt; H.M.] nicht ausreden lassen, ja man rempelte ihn nach der Vorstellung an«[112]. Das Publikum wusste nur allzu gut, was *Der Gelbe Fleck* für jüdische Familien bedeutete. Unter Alexander Granachs Regie wurde die jiddische Fassung des *Mamlock* im Jahre 1934 in Osteuropa in 69 Gastspielen 300mal gezeigt.[113]

Mit *Professor Mamlock* brachte Wolf eine tiefe Kenntnis jüdischen Lebens in Deutschland als Lebenserfahrung künstlerisch ein in ein differenziertes Figurenensemble von Juden, das sichtbar alle politischen Strömungen in dieser unterdrückten Minderheit widerspiegelte - und dies mit dem Wissen um Gedanken, Gefühle, Verhaltensweisen und Vorurteilsstrukturen seiner nichtjüdischen deutschen Landsleute verband. Die Debatte über die Möglichkeiten jüdischer Identität – ab 1933 verengt auf die Überlebensfrage *»Bleiben und kämpfen – oder Emigrieren?«* – wird im *Mamlock* auf zwei Ebenen geführt: zwischen dem staatstreuen konservativen Juden Hans Mamlock und seinem sozialistisch denkenden Sohn Rolf Mamlock einerseits – andererseits zwischen Hans Mamlock

und dem jüdischen Krankenpfleger Simon, der nach Palästina auswandern will.
Insbesondere in der hebräischen Fassung für das Habima-Theater in Tel Aviv unter dem Titel *Professor Mannheim* (Premiere: 25. Juli 1934; Regie: Leopold Lindtberg; Bühnenbild: Teo Otto) nahmen die streitbaren Dialoge über die Perspektiven jüdischen Lebens und Überlebens einen großen Raum ein. Das jüdische Theaterpublikum und jüdische Rezensenten sahen 1934 – je nach politischem Standort – beide Wege für gangbar an: Simons Auswanderung nach Palästina, aber auch Rolf Mamlocks Bleiben in Deutschland, um in der Widerstandsbewegung zu arbeiten. Aus Deutschland waren nach Palästina alle drei Gruppen gekommen: *die konservativen Juden* (im Stück repräsentiert durch Hans Mamlock), *die zionistischen Juden* (im Stück in der Figur des Krankenpflegers Simon) und auch *die sozialistischen Juden* (für deren Ideen im Stück Rolf Mamlock steht). Die Debatten über das Wolfsche Theaterstück – das der Autor unter dem Pseudonym Hans Scheer hatte verfassten müssen – wurden im Palästina des Jahres 1934 auch außerhalb des Theaters fortgesetzt, denn sie berührten zwei ineinander verschränkte Fragen: die Frage nach der Möglichkeit, in Deutschland als Jude zu überleben - und die Frage nach dem Zusammenhalt konservativer, sozialistischer und zionistischer Juden beim Aufbau eines eigenen jüdischen Staates.[114]
In der frühesten schriftlich erhalten gebliebenen Gesamtfassung des Mamlock, dem Moskauer Manuskript »*Doktor Mamlocks Ausweg. Ein Schauspiel aus Deutschland 1934 von Friedrich Wolf*« geht der »innerjüdische Dialog« weit über das hinaus, was in den in der DDR erschienenen *Gesammelten*

Werken Friedrich Wolfs nur noch verstümmelt auftaucht. Die Urfassung des *Mamlock* (»Ihr habt jetzt das ganze Stück«[115]) hatte Wolf am 1. Juli 1933 aus dem französischen Exil nach New York geschickt. Dass bereits die Urfassung sozial differenzierte Gestalten von Juden enthielt, verrät ein Brief Wolfs vom 22. Juni 1933 mit Vorschlägen an die New Yorker Theatre Union:

»Linke Bühnenhälfte (bzw. Vorder-Hinterbühne): Die kleinen jüdischen Budiker werden gejagt, geprügelt, Volksbelustigung, vor den kleinen Kaufläden in Berlin O/*Scheunenviertel* wird ein polnischer jüdischer Kleinkaufmann festgenommen, und er muß selbst ins Radio sprechen, daß die ganze Greuelpropaganda gelogen, daß ›Ruhe und Ordnung‹ herrsche... Rechte Bühnenhälfte: Keine jüdische Bank darf belästigt werden, da dies ›ein Eingriff in die Wirtschaft‹ ist ... Die Bankiers sitzen wieder friedlich da«.[116]

Zwar ist die Urfassung verlorengegangen, aber sie ist ganz offensichtlich in das Manuskript *Doktor Mamlocks Ausweg* von 1934 eingegangen.

In *Doktor Mamlocks Ausweg* wird mit epischen Zwischenszenen, mit *INTERMEDIEN* (so Wolf) und mit modernen Mitteln der Bühnenprojektion gearbeitet. Unter den dramatis personae gibt es ein schichtenmässig sehr viel differenziertes Ensemble deutscher Juden, die – aus ihrer Rolle heraus an die Bühnenrampe tretend – ihre persönlichen Konsequenzen aus der Verfolgung durch die Nazis diskutieren. In dieser frühesten Fassung des *Mamlock*, die in der Reichshauptstadt Berlin angesiedelt ist, agiert zum Beispiel der mit Kleidern handelnde arme Jude Max Salomon, der von SA-Trupps verhöhnt und blutig geprügelt wird, ebenso wie der jüdische Warenhausbesitzer Rosenthal und der jüdische Großbankier Loeb, die versuchen, sich mit den NS-Machthabern zu arrangieren und noch darauf setzen, dass für sie als Vermögende schon alles nicht so schlimm kommen werde. In einer Schlüsselszene dieser Fassung – auch sie fehlt in allen späteren Fassungen – tritt Professor Mamlocks Sohn Rolf Mamlock vorn an die Rampe und ruft den jüdischen Bankier Loeb zu mehr Solidarität mit ärmeren Glaubens- und Leidensgenossen auf:

»*Herr Bankdirektor Loeb, sahen Sie eigentlich nicht den kleinen Handelsjuden aus der Linienstrasse* [gemeint ist der Kleiderhändler Max Salomon; H.M.], *den die SA mit den anderen Gefangenen mit ›Hände hoch‹ durch die Strasse trieb?*«[117]

In *Doktor Mamlocks Ausweg* nehmen auch die innerjüdischen Diskussionen zwischen dem Krankenpfleger Simon, der nach Eretz Israel auswandern will, und Hans Mamlock, der in Deutschland bleiben (und notfalls untergehen) will, noch einen großen Raum ein. Nachdem Dr. Hirsch Hans Mamlock dessen Entlassung mitteilt, kommt es zu einer erregten Debatte:

»*Simon:* Wir sind schon oft entlassen worden und gewandert, Herr Professor, in den letzten 2 – 3000 Jahren.

Mamlock: Richtig, Simon, richtig, ...aber ein Spass war es wahrhaftig nicht, weder für Abraham, noch für unsere Leute im Lande Mizraim, noch vor Babylon, noch nach der Zerstörung der Stadt durch die Römer; damals haben wir sogar in unserer Heimat gekämpft, Simon!

Simon: Würden wir auch jetzt tun... um unsere Heimat.

Mamlock: Du meinst, um Palästina?

Simon: Ja.

Mamlock: Du hast hier unrecht, Simon! Zion und Jerusalem, das sind uns heute Symbole, erhabne heilige

Symbole, sowie unsere Helden Simson, Gideon und David, wie unsere Propheten Jesaia, Hiskia, Jeremias; sie gehören der Geschichte an ...

Simon (glühend): Sie stehen mitten unter uns, Professor Mamlock, mitten unter uns! »*Ihr sollt sein ein Wuesten- und Wandervolk*« spricht der Prophet... und ist nicht wieder Wüste um uns, sind nicht wieder unsere Lenden gegürtelt und unsere Bündel geschnürt?

Mamlock: Dann gibst Du ja den Faschisten recht, Simon!

Simon: Faschisten... wir haben die Pharaonen überlebt, die Assyrer, Babylonier und Römer. ... Faschisten, ein Schatten, der vorüber huscht; wir rasten irgendwo und wandern dann weiter zu unserer Heimat.

Mamlock: Unsere Heimat ist Deutschland; Zion ist für uns ein Gebot...

Simon (eifernd, fanatisch): Zion ist unsere Heimat!!

Dr. Hirsch (dazwischen): Aber meine Herren, vielleicht haben Sie beide recht: es gibt eine Stammesheimat und eine Wahlheimat!

Mamlock (hat Simon gepackt): Deutschland, Simon, Deutschland! Hier bist Du geboren, Du, Dein Vater, Dein Urgroßvater; die Luft dieses Landes, dieser Bäume, Wiesen, Felder hast Du geatmet, Deine Väter liegen in deutschem Boden begraben, aus ihren Leibern wuchsen deutsche Blumen, das Land hat Dich aufgenommen seit Jahrhunderten, es hat Dich verarbeitet, Du gehörst diesem Lande!

Simon: Das Land will uns nicht...

Mamlock: Wir müssen um es kämpfen, Simon, wie der Bauer um den Boden...

Simon: Sie wollen uns nicht; wir sind hier Fremde, Gäste. Liebe und Heimat kann man nicht erzwingen. *(glühend)*... ... unsere Heimat ist uns angesagt durch *Die Schrift*, durch Geschlechter von Abraham an, sie ist uns angestammt und verheißen...

Mamlock: Du sprichst ja wie ein Nazi, Simon...

Simon: Ich spreche wie ein Jude, Herr Professor.«[118]

Dieser Dialog aus der Moskauer Fassung ist in der jiddischen Welturaufführung des *Professor Mamlock* am 19. Januar 1934 in Warschau vermutlich noch enthalten. Teile des innerjüdischen Dialogs finden sich auch in der hebräischen *Mamlock*-Fassung des Jahres 1934 für das Habima-Theater wieder *(Professor Mannheim)*. Besonders die *Jeckes* in Palästina spürten, dass dieses Stück ein deutscher Jude verfasst hatte. Der hebräischen *Mamlock*-Fassung und dem zitierten Dialog ist noch anzumerken, dass Züge und Haltungen des Autors in beide Figuren eingeflossen sind: in Hans Mamlock und in den Krankenpfleger Simon.

Wie sehr dieses Stück die jüdische Identität des Autors berührt, zeigen auch Notizen Wolfs, die er im Mai 1933 zu seiner ersten handschriftlichen Fassung *Dr. Mamlocks Ausweg* niederschreibt: »*Ich kann meinen Stammbaum ruhig aufzeichnen: ich stamme von Helden und Königen ab, vom König David: mein jüdischer Name ist Schlomo ben David, Davidsohn*«. Der weitere Verlauf dieser Notiz zeigt, dass aus Friedrich Wolf hier nicht nur der Stolz spricht, von Helden und Königen abzustammen, sondern dass er diesen Satz seinem Protagonisten Hans Mamlock hatte in den Mund legen wollen. Denn »M. « [gemeint ist wohl: Mamlock] konterkariert im Fortlauf ironisch das Nazigeschwätz von »jüdischem Blut« und

»arischen Blut«: »M.: Schreiben Sie ruhig: *Jude*. Sagen Sie es Ihren SA-Leuten. Vielleicht haben Sie den Mut, zu 5–6 einen einzigen Juden abzuholen und zu impfen«.[119]

Vermutlich auf Druck oberster Parteiinstanzen hat Wolf, der damals im Moskauer Exil lebte, aus der Moskauer Fassung von 1934 die Figuren der deutschen Juden Salomon, Loeb und Rosenthal sowie die ausführliche innerjüdische Diskussion zwischen Mamlock und Simon schon für die deutschsprachige Druckfassung des Professor Mamlock von 1935 gestrichen. Denn in einer undatierten und ungezeichneten Einschätzung für die Moskauer KPD-Führung und das für Theaterangelegenheiten zuständige »Büro Arthur Pieck«, die der von mir aufgefundenen Frühfassung des *Mamlock* beiliegt, hieß es:

»In der vorliegenden Fassung wiegt ebenfalls die Rassenfrage über, der Klassenkampf tritt in den Hintergrund. Die Rolle der Kommunistischen Partei wird nicht genügend gezeigt.«

Und im selben Dokument wird gönnerhaft attestiert: *»Der Autor des Stückes ist Arzt, Jude, Kommunist. Er schrieb das Stück nach seinen persönlichen Eindrücken während der Zeit der Machtergreifung Hitlers, er ist noch zu stark deprimiert, hat noch nicht den nötigen Optimismus, den die Arbeiterschaft in ihrem Kampfe braucht. Klar zeigt er nur die Rolle des Faschismus und die Rolle des demokratischen Arztes Mamlock.«*[120]

Ein ungenannt bleibender Regisseur beeilt sich daher, mit dem Mamlock-Stück im Sinne der Partei umzugehen: *»Ich habe mich entschieden, die Rolle der Partei stärker in den Vordergrund zu rücken. Die Idee des Stückes ist nicht Rassenkampf, sondern Klassenkampf.«*[121]

Der große Welterfolg des Dramas blieb von derartigen Debatten unter parteitreuen Kommunisten unberührt. Friedrich Wolfs *Professor Mamlock* trat ab 1934 seinen Siegeszug über die Bühnen der Welt an, es wurde bis 1945 u.a. gezeigt in: Warschau, Tel Aviv, Zürich, Moskau, Amsterdam, Oslo, Tokio, Madrid, Toronto, Shanghai, New York, Stockholm, London, Paris und in den von der japanischen Okkupation befreiten Gebieten von China. Hier attackierte ein wirkungssicher gebautes Antinazi-Stück den Rassenwahn des Hitlerfaschismus und kündete gleichzeitig davon, dass das freiheitsliebende »andere Deutschland« nicht tot war, sondern im Widerstand gegen die braune Diktatur weiterkämpfte.

Publiziert wurde *Professor Mamlock* bis 1945 nicht nur auf Deutsch und in den Weltsprachen Englisch, Spanisch und Russisch, sondern u.a. auch auf Hebräisch, Norwegisch, Japanisch, Chinesisch und Tatarisch. 1938 folgte die russische Verfilmung des *Mamlock*, die in jeweiligen Synchronfassungen dann in Kinos in vier Erdteilen gezeigt wurde[122]. Eine noch größere Wirkung bekam dieser erste *Mamlock*-Film dadurch, dass er später Millionen von Soldaten der in der Antihitlerkoalition kämpfenden Staaten gezeigt wurde. Insbesondere die Kulturoffiziere der vier Besatzungsmächte, die 1945 nach Deutschland kamen, bezogen auch aus dem *Mamlock*-Film von 1938 ein differenziertes Bild, das Deutschland und die Nazis nicht gleichsetzte.

Im Ergebnis kann gesagt werden: Die antinazistische Ausstrahlung des *Mamlock* war weltweit, die millionenfache Wirkung dieses Dramas auf Theater- und Filmbühnen hat in der Zeit von 1933 bis 1945 kein anderes antifaschistisches Werk eines Deutschen erreicht.

In Hitler-Deutschland allerdings waren Stück und Film nur der Gestapo und ausgewählten Parteigenossen bekannt.

Wieviel Angst der *Professor-Mamlock*-Film den Nazigrößen dennoch einjagte, ist daran abzulesen, dass Propagandaminister Goebbels am 29. Januar 1940 höchstpersönlich die Geheimweisung gab:
»Der Film Professor Mamlock soll außer dem Führer niemand mehr gezeigt werden«[123]. Goebbels ließ den Film selbst für interne Schulungszwecke der NSDAP aus dem Verkehr ziehen.
Auch in der damaligen Sowjetunion erfuhr *Professor Mamlock* ein durchaus zwiespältiges Schicksal. Als Bühnenstück zunächst mit viel Erfolg über Jahre hinweg in den verschiedenen Unionsstaaten und -sprachen aufgeführt, unterlag der russische Film *Professor Mamlock* (1938) in der Zeit von 1938 bis 1945 einem zweimaligen Aufführungsverbot von längerer Dauer:

- Am Abend des 23. August 1939, dem Tag der Unterzeichnung des deutsch-sowjetischen *Nichtangriffsvertrages* (mit geheimem Zusatzprotokoll) wurde der Mamlock-Film – wie andere antifaschistische Filme auch – aus den Lichtspielhäusern entfernt, um den Hitlerfaschismus nicht durch Kritik zu reizen. Zumal dem *Nichtangriffsvertrag* am 28. September 1939 der *»Grenz- und Freundschaftsvertrag«* zwischen Deutschland und der Sowjetunion folgte, in dem beide Mächte ihre territorialen Interessensphären absteckten, lagen antifaschistische Filme nicht im Machtinteresse Stalins.
- Die *zweite Entfernung* des Mamlock-Films aus dem Verleih geschah – nachdem der Film nach dem deutschen Überfall auf die Sowjetunion im Juni 1941 nur kurz wieder zu sehen gewesen war – bereits im Juli 1941.

Höchsten sowjetischen Stellen schien der *Professor Mamlock* aus politischen Erwägungen beim ersten Verbot 1939 *zu negativ* (für den Bündnispartner Hitler). Beim zweiten Verbot 1941 erschien der Film als *zu positiv*, weil Wolf im *Mamlock* ja auch das Bild der Möglichkeit eines antifaschistischen, eines »anderen Deutschlands« gezeichnet hatte und diese Differenzierung im Krieg gegen die Hitlerarmee nicht mehr opportun erschien.

»Ist es, weil ich Jude bin«

Einen kritischen Reflex auf die mangelhafte Beachtung seiner spezifischen Kenntnisse als jüdischer Kommunist bildet Friedrich Wolfs geradezu selbstmörderisch anmutender Beschwerdebrief vom 24. Juli 1945 an J. W. Stalin, in dem der Dramatiker nach Kriegsende angesichts der ausbleibenden Erlaubnis zur Heimkehr nach Deutschland nach dem »Grund meiner Zurücksetzung« fragt:
» 1.) *Ist es, weil ich Jude bin?*
Weil ich als Autor des Stückes und Films »Professor Mamlock«, der in der CCCP, in England und Amerika überall mit großem Erfolg gespielt wurde, den Rassenwahn der Nazis zu scharf brandmarkte und weil man die Erinnerung daran heute nicht mehr für opportun hält? Weil die halb-nazistischen Elemente in Deutschland durch meine Anwesenheit sich dort gekränkt fühlen könnten? Aber solch ein Zurückweichen vor der nazistischen Rassenlehre widerspräche ja völlig unseren Prinzipien und den Beschlüssen der Krimer Konferenz. Zudem würde uns dies in Deutschland selbst nur als Schwäche ausgelegt. Wir zitieren jetzt mit Recht zur Erneuerung eines wahrhaft demo-

kratischen Deutschlands die großen Humanisten Goethe und Lessing. Vergessen wir dabei nicht, daß Goethe es war, der grade mit Lessings »Nathan dem Weisen« 1801 das Nationaltheater in Weimar eröffnen ließ. Goethe sah bereits damals in der Fragestellung des »Nathan«, wie er in seinen Briefen an Schiller hervorhob, grade für Deutschland eine prinzipielle Frage! Hitler und der Nazikrieg haben inzwischen bewiesen, daß diese Rassenfrage an Aktualität für das deutsche Volk nicht geringer geworden ist.

Ich will und kann deshalb *nicht* annehmen, daß meine Rassenzugehörigkeit der Grund meiner Zurücksetzung ist.«[124]

Es sind insgesamt drei Fragen, die Friedrich Wolf von Stalin beantwortet haben möchte:

1.) *»Ist es, weil ich Jude bin?«*
2.) *»Hat man kein Vertrauen zu mir und meiner Arbeit?«*
3.) *»Oder habe ich mich in Deutschland und im Ausland als Antifaschist zu sehr exponiert?«*
Ist es, weil ich 1935 auf Einladung der Columbia-Universität und des Brooklyn College New York Vorträge hielt gegen den Faschismus und 1936 auf Einladungen der Studentenorganisationen an den Universitäten Kopenhagen, Stockholm, Oslo? Oder weil in Deutschland selbst von 1919–1932 meine Stücke an den bürgerlichen Bühnen gespielt wurden und ich als Dozent der Volkshochschulen vor der Gefahr des Faschismus warnte und als Antifaschist eine Popularität in bürgerlichen Kreisen besaß? – Aber ich denke, grade das ist heute für uns wertvoll, da wir die bürgerliche Intelligenz für uns gewinnen wollen und es uns in unsren Reihen sehr an Kräften hierfür fehlt. Ich kann also auch dieses 3. Argument nicht anerkennen.[125]

Wolf widerlegt eindrucksvoll, dass man für eine Bejahung seiner Fragen logische Begründungen haben könne – aber dennoch ist das »Ja!« zu allen drei Fragen nicht auszuschließen: Denn die zweite Welle antijüdischer Kampagnen in der Sowjetunion stand kurz bevor (Frage 1); in der Tat besaß Wolf nicht das Vertrauen aller Mitglieder der Führung seiner Partei, der KPD, und war von der Ausreiseliste nach Deutschland wieder gestrichen worden (Frage 2)[126] – und Wolfs politisch-moralische Unbedingtheit in Sachen Antifaschismus war gegenüber den Bündniskonzepten der SED für Nachkriegs-Deutschland tatsächlich schon bald »zu exponiert« (Frage 3).

Die im Brief an Stalin explizit angesprochenen Leistungen des jüdisch-deutschen Humanismus, die bis in die Anfänge der deutschen Nationalliteratur zurückreichen, sowie die mit Stolz vorgetragene Tatsache, als deutscher Jude der hochangesehene Autor des *Professor Mamlock* zu sein, können als Kritik Friedrich Wolfs am Antisemitismus Stalins angesehen werden, als Polemik gegen die schlechte Behandlung von Juden in der Sowjetunion sowie gegen den wachsenden Antisemitismus in der kommunistischen Weltbewegung und unter deren Parteifunktionären.

»Friedrich Wolf litt damals sehr unter dem Antisemitismus«, bestätigte mir sein Weggefährte bei der Arbeit im Nationalkomitee Freies Deutschland, Heinrich Graf von Einsiedel. Zwar hatte der Antisemitismus Wolfs bisheriges Leben begleitet und begegnete ihm auch in seiner Arbeit mit den kriegsgefangenen deutschen Offizieren. Besonders schmerzlich aber war für ihn der in der Sowjetunion und unter russischen Kommunisten verbreitete Antisemitismus. Besonders gelitten habe Friedrich Wolf, so von Einsiedel, am Antijudaismus in den Kreisen der

eigenen Partei und an judenfeindlichen Äußerungen seiner sowjetischen Genossen bei der Arbeit im Nationalkomitee Freies Deutschland. Einsiedel schilderte mir beispielsweise Wolfs betroffenes Zusammenzucken *bei antisemitischen Äußerungen* Oberst Sergej Tulpanows über sowjetische Offiziere jüdischer Herkunft.[127] Tulpanow war immerhin Chef der 7. Abteilung der politischen Hauptverwaltung der Roten Armee bei der 4. ukrainischen Front – und 1945 bis 1949 der einflussreiche Chef der Informationsabteilung der Sowjetischen Militäradministration in Deutschland (SMAD).
Dem als »Antiimperialismus« und »Antizionismus« daherkommenden Antisemitismus in der kommunistischen Weltbewegung und ihrem Herrschaftsbereich setzte Friedrich Wolf immer wieder Arbeiten entgegen, die vom Stolz auf seine jüdische Herkunft kündeten. Als Beispiel seien hier nur Wolfs Erzählungen *Jules* (1941), *Die Juden von Marseille* (1942), *Das Öhmchen* (1944) und *Der Aufstand des Warschauer Ghettos* (1948) genannt.
Friedrich Wolf litt sehr unter den in der Sowjetunion weit verbreiteten antijüdischen Vorurteilen und Stereotypen. Sein dagegen offensiv ankämpfender Brief an Stalin ist auch insofern von Mut gekennzeichnet, weil die Aussagen des Beschwerdebriefes angesichts des wachsenden Verfolgungswahns des Diktators und dessen pathologischem Judenhass für den noch in Moskau lebenden Friedrich Wolf hätten den Tod bedeuten können.
Seine Erstaufführung auf deutschem Boden erlebte *Professor Mamlock* zwölfeinhalb Jahre nach seiner Entstehung am 9. Januar 1946 im Berliner Hebbel-Theater. Nach übereinstimmender Auskunft der damaligen Literatur- und Theaterkritik gehörte der *Mamlock* neben Lessings *Nathan der Weise* zu den

Mamlock-Plakat von Herbert Sandberg 1946

denkwürdigsten Ereignissen der ersten Spielzeit des Nachkriegs. Der *Mamlock* trug wie der *Nathan* bei vielen Menschen dazu bei, zu einfachster menschlicher Gesittung und zur Humanität zurückzufinden.

Da man Friedrich Wolf aber als Parteigänger des SED-Regimes ansah, wurden seine Stücke bald danach in Westberlin und in der Bundesrepublik in Zeiten des Kalten Krieges nicht mehr gespielt. Auch Professor Mamlock unterlag diesem ideologisch begründeten Boykott. Erst mit der Studenten-

bewegung von 1968 setzte sich dann die von Friedrich Wolfs Sohn, dem Filmregisseur Konrad Wolf, besorgte zweite Filmadaption durch: der *Professor-Mamlock*-Film von 1961.
Mittlerweile ist die aktuelle Bedeutung des *Professor Mamlock* als Auseinandersetzung mit nationalistischen, antisemitischen und demokratiefeindlichen Umtrieben unumstritten. Hans Koschnick stellte in seiner Gedenkrede zum 50. Todestag Friedrich Wolfs am 1. Oktober 2003 ausdrücklich den inneren Zusammenhang zwischen Wolfs *Mamlock* und der Gegenwart her: »Im Stück sehen die Kollegen zu, wie ihr Chef von den Nazis in den Tod getrieben wird. »Gewiß«, schreibt Wolf, als er sich später zu den Beweggründen äußert, die ihn zu diesem Stück veranlassten, »sie selbst haben den Professor Mamlock weder geschlagen, noch angespieen, noch erschossen. Sie stehen nur dabei und sehen zu. (...) *Wir haben bloß dabeigestanden!* Ja, zu viele Deutsche sah ich in meiner Heimat und in anderen Ländern *bloß dabeistehen.* Vor allem für sie schrieb ich dieses Stück im Sommer 1933.«[128] Wir wissen und fordern deshalb mit Nachdruck auch gegenüber der nachwachsenden Generation: Was damals geschah, darf nicht verdrängt werden. Um der Wahrhaftigkeit und um unserer eigenen Geschichte willen sind wir verpflichtet, die Erinnerung an diese schreckliche Epoche deutscher Geschichte aufzuarbeiten. Nur so bleibt sie Grundlage für ein Eintreten gegen Rassismus und Unfreiheit, gegen mörderische Gewalt und gesellschaftliche Intoleranz.«[129]
Friedrich Wolf hatte sich 1946 am Vortag der Uraufführung des *Mamlock* in Deutschland darüber beklagt, dies Stück sei »ein Mahnruf, der damals nicht gehört wurde«.[130] Koschnicks Gedenkrede zeigt, dass Friedrich Wolfs Mahnung heutzutage gehört und beherzigt wird.

»Sein antinazistisches Engagement war mitreißend«

Aus den vielen während des Exils geschriebenen Dramen ragt neben dem *Mamlock* qualitativ ein zweites Schauspiel hervor: das 1940 unter schwierigsten Haftbedingungen im französischen Konzentrationslager Le Vernet niedergeschriebene Stück *Beaumarchais oder Die Geburt des ›Figaro‹* (E 1940, UA 1946). Es zeigt einmal mehr Wolfs Können in der mehrdimensionalen künstlerischen Aktualisierung eines historischen Stoffes. Zum einen gelingt es ihm, wesentliche Ereignisse und Auseinandersetzungen der Französischen Revolution mit knappen Strichen und prallen Charakteren lebendig nachzuzeichnen – und damit »Schauspieler-Theater« zu bieten. Zum anderen wird in diesem Historienstück »Theater über Theater« auf die Bühne gebracht, denn der Held ist Beaumarchais, der Verfasser von *Figaros Hochzeit.* Die Kämpfe um die Durchsetzung dieses Lustspiels, das als Kritik am Ancien-Regime zum »Sturmvogel der Revolution« wurde, und das Scheitern seines Autors Beaumarchais, der schwächer ist als seine Bühnenfiguren und im entscheidenden Augenblick nicht mit zur Bastille marschiert, bilden eine weitere Dimension des Wolfschen Schauspiels. Beaumarchais wird dabei von Wolf nicht denunziert, sondern als »Mensch im Schnittpunkt zweier Epochen« dargestellt: »ein tieftragischer Held in seinem Zwiespalt« (GW, 5, 8). Nicht zuletzt ist *Beaumarchais oder Die Geburt des ›Figaro‹* auch ein »Künstlerstück«, denn es behandelt letztlich die Rolle und Verantwortung des Schriftstellers in den Kämpfen und Umbrüchen seiner Zeit. Insofern war *Beaumarchais* für Friedrich Wolf auch ein Akt der Selbstverständigung über seinen geistigen Standort als Dramatiker. In einem französischen Konzentrationslager des Petain-Regimes sitzend, das dem Naziregime in die Hände arbeitete, schrieb Wolf ein Stück, aus dem seine Liebe zum französischen Volk und dessen Esprit sprach.

So sehr Wolfs *Beaumarchais* ein bedeutendes Schauspiel ist, so sehr verwundert der Widerspruch zwischen seinen eigenen Aussagen und den Aussagen von Mithäftlingen zum damaligen politischen Standort Friedrich Wolfs im KZ Le Vernet.

Da schreibt *einerseits* der sich nach den Moskauer Schauprozessen vom Kommunismus abwendende (und daraufhin zum »Renegaten« erklärte) *Gustav Regler*, der aus dem Lager freikommt, über seine letzte Begegnung mit Friedrich Wolf in Le Vernet: »Das Lächeln starb von meinen Lippen weg, wurde mir allerdings einige Minuten später wiedergegeben, als ich in einer versteckten Ecke den Schriftsteller *Friedrich Wolf* stehen sah, der mir, als die Wache die Tür aufschloss, schnell einen Kassiber zusteckte. Friedrich Wolf... ist 1953 in Lehnitz bei Berlin gestorben. Ich kann also enthüllen, was der verdienstvolle Humanist auf jenen Zettel geschrieben hatte: ›*Tu etwas für mich in New York! Es ist beschlossen, dich als Verräter zu brandmarken. Mach Dir nichts draus. Die Welt wird sie nicht siegen lassen. Die Idee braucht saubere Instrumente. Tu was für mich!*‹«[131]

Da äußert sich *andererseits* Friedrich Wolf 1950 über dieselbe Zeit, dasselbe Lager, dieselben Menschen und über seine Möglichkeit, wie Arthur Koestler und Gustav Regler aufgrund einer Einladung nach Amerika »der Hölle des Lagers und der Auslieferungsgefahr [an die Nazis; H.M.] zu entrinnen« gänzlich entgegengesetzt: »*Wir sollten einen Revers unterschreiben, dass wir ›nicht Stalinisten‹ seien. (…) Ich unterschrieb also nicht und blieb im Lager. Arthur Koestler und Gustav Regler unterschrieben und gingen in die Freiheit. Was aus beiden geworden ist, dürfte bekannt sein.*«[132]

Welche der beiden Versionen stimmt? Die des von den Parteikommunisten exkommunizierten Gustav Regler? Oder die Version Friedrich Wolfs? Aufzuklären ist diese Frage nicht. Vermutlich aber stimmen beide Aussagen. Jede jeweils zu ihrer Zeit.

Einerseits sind Hilferufe des vom Tode bedrohten Wolfs aus dem Lager Le Vernet belegt – u.a. in einem Brief an Louis Fischer in den USA: »*Helfen Sie mir!*«[133]

Andererseits muss sich Wolf im Jahre 1950 von ehemaligen Le-Vernet-Mithäftlingen wie den Exkommunisten Gustav Regler und Arthur Koestler schon aus eigenem Sicherheitsinteresse heraus öffentlich distanzieren – zumal Koestler 1950 Mitorganisator des von der CIA eigens gegründeten und finanzierten antikommunistischen »Kongresses für kulturelle Freiheit«[134] in Westberlin war und in seinem im Westen zum antitotalitaristischen Schlüsselroman avancierten Bestseller *Sonnenfinsternis* schonungslos mit den Moskauer Schauprozessen und mit dem Stalinismus abgerechnet hatte[135]. (»Die Bewegung… kannte nur ein Verbrechen: vom Kurs abzuweichen, und nur eine Strafe: den Tod.«[136]) Koestlers Analyse, dass in der kommunistischen Bewegung der Zweck jedes Mittel heiligen würde, offenbare deren geistige Nähe zur »Heiligen Inquisition« der katholischen Kirche des Mittelalters. Denn schon damals war jedes Mittel erlaubt: »List, Trug, Gewalt, Geldspenden, Kerker Tod.«[137]

Die Ironie der Geschichte hat es gewollt, dass Koestlers *Sonnenfinsternis* in der Geheimdienst-Story, zu der die *Bild-Zei-*

Friedrich Wolf im KZ Le Vernet

tung nach der Grundmeldung der Deutschen Presseagentur (8. 10. 1953: »*Selbstmord Friedrich Wolfs*«)[138] am 10. Oktober 1953 die Umstände des Todes von Friedrich Wolf machte, noch einmal eine Rolle spielt: Koestlers Protagonist ist der nach erpressten Geständnissen schließlich als Konterrevolutionär exekutierte Volkskommissar *Rubaschow*, ein Kommunist, der an das Gute glaubt (und im Roman Züge der in den Moskauer Schauprozessen hingerichteten Altbolschewisten Karl Radek und Nikolai Bucharin trägt).

In der Bild-Story bringt sich »der gute Kommunist« Friedrich Wolf nach »großem Kesseltreiben des sowjetischen Geheimdienstes gegen Dr. Wolf«, Hausdurchsuchungen und stundenlangen Verhören »in seinem Heim in Lehnitz (Sowjetzone)« selbst um – mit Bezug auf *Koestlers Sonnenfinsternis*: »›Zeitlebens habe ich aus innerer Überzeugung für die kommunistische Idee gekämpft! Jetzt ist mir das Ende vorgezeichnet: das düstere Ende eines deutschen *Rubaschow*!‹ sagte Wolf wenige Tage vor seinem Tode zu Freunden.«[139]

Schon am 9. Oktober 1953 hatte sich auch die Westberliner *Neue Zeitung* die Selbstmordthese und die Verfolgung Wolfs durch östliche Sicherheitsorgane zueigen gemacht: »Ende 1952 erlebte er [Wolf; H.M.], dass sein Freund Otto Katz alias André Simone nach dem Prager *Slansky*-Prozess gehenkt wurde. Jede Freundschaft verdächtigt im SED-System.«[140]

Wolf, Koestler und Regler: Alle drei waren sie im Exil als Kommunisten Parteifreunde von André Simone (das ist Otto Katz; H.M.) gewesen, einem der Hauptredakteure des 1933 erschienen *BRAUNBUCHS* gegen den Hitlerterror[141]. Ende 1952 endete Otto Katz im Prager Slansky-Prozess als »*zionistischer Agent*« am Galgen, nachdem er zuvor wahnwitzig konstruierte Verbrechen gestanden hatte. »Ich gehöre an den Galgen«, hatte Katz in seinem letzten Statement gesagt und eindringlich die gewarnt: die »*durch Abstammung oder Charakter* in Gefahr sind, denselben Pfad zur Hölle zu beschreiten«[142].

Die Juden im Ostblock wurden in den frühen 50er Jahren unter Führung sowjetischer Regierungsstellen in »antizionistischen« – sprich: antijüdischen – Kampagnen unter den Generalverdacht gestellt, »feindliche Elemente« zu sein. Auch die Juden in der DDR – SED-Mitglieder jüdischer Herkunft mit eingeschlossen: In einer *ersten Welle* der »Parteisäuberungen« wurden bereits 1950 zahlreiche jüdische Kommunisten, die in verantwortlichen Positionen gestanden hatten, aus der SED ausgeschlossen. Viele von ihnen wurden beschuldigt, einer *»jüdisch-trotzkistischen Bewegung«* anzugehören. Die *zweite Welle* folgte Ende 1952 nach dem Prager Slansky-Prozess, in dem 11 von 14 Angeklagten jüdischer Abstammung waren. Im Zuge von Schauprozessen in Prag, Moskau und Budapest zog die Zentrale Parteikontrollkommission beim ZK der SED ihre Konsequenzen und säuberte die Parteispitze von vermeintlich *»trotzkistischen und zionistischen Kräften«*.[143] Zur gleichen Zeit schlossen antifaschistische Organisationen wie die »Vereinigung der Verfolgten des Naziregimes« Widerstandskämpfer jüdischer Herkunft aus ihren Reihen aus und bezeichnete sie als »zionistische Agenten«.

Als Widerstandskämpfer jüdischer Herkunft litt Friedrich Wolf unter diesem Klima in der DDR. Das Klima von Schauprozessen, ungerechtfertigten Verdächtigungen und antisemitischen Ausfällen hatte er schon einmal erlebt: im Moskau der Jahre 1936 bis 1938. Sein Sohn Markus erinnert sich an die

antijüdische Hysterie, die – im Zusammenhang mit der Behauptung »jüdische Kreml-Ärzte« hätten versucht, Stalin und andere hohe Parteifunktionäre zu vergiften – im Jahre 1953 auch in der Familie Wolf diskutiert wurde. Markus Wolf fragt sich: »wie denn Friedrich Wolf mit seiner humanistischen Einstellung diese Zeit ertragen hat. Und nun überlege ich, wie wir diese wahnsinnigen Anschuldigungen gegen die jüdischen Ärzte zum Beispiel durchgestanden haben. (...) Dabei bin ich mir absolut sicher, dass wir uns darüber unterhalten haben, dass wir es als eine Wahnsinnstat empfanden.« Auch habe sein Vater die »damals als genial deklarierte Arbeit von Stalin über die Sprachwissenschaft völlig auseinandergenommen«[144].
Friedrich Wolf ist Anfang 1953 auch die Flucht Hunderter Juden nicht verborgen geblieben, die die DDR verließen, weil ihnen ein Klima des Misstrauens entgegenschlug und weil die Verdächtigung, als »jüdische Nationalisten« westlichen bzw. israelischen Agentenzentralen anzugehören, zu politischen Repressionen führte, die sich massiv antijüdischer Feindbilder bedienten.
Bei Friedrich Wolf klaffen privat geäußerte Meinungen und öffentliche Stellungnahmen, das für die Öffentlichkeit gezeichnete Selbstbild und die wirkliche Befindlichkeit oft weit auseinander. Unter dem Motto »*Mut, nochmals Mut, immerzu Mut*« war er in der Öffentlichkeit der furchtlose Kämpfer und Anwalt aller Unterdrückten und Bedrängten. In Wirklichkeit litt er auch unter Mutlosigkeit und Resignation. Öffentlich präsentierte er sich als Kämpfer für den Sozialismus – in Wirklichkeit blieb er auch denen ein Freund, die von der kommunistischen Bewegung längst zu »Feinden« erklärt worden waren: wie u.a. dem aus der DDR nach Westberlin ausgewi-

chenen Filmregisseur Falk Harnack, den Wolf auch nach dessen Flucht weiter ärztlich behandelte[145]. Und wo andere Emigranten zum Beispiel die in den *Nationalpolitischen Erziehungsanstalten* (NAPOLA) im NS-Geiste erzogenen Jugendlichen als »unverbesserliche Faschisten« abtaten, die man 1945 »hätte erschießen müssen«, half Friedrich Wolf den Betroffenen unvoreingenommen, wenn er sich von deren Integrität und fachlichem Können überzeugt hatte.[146]

In der Wirklichkeit war Friedrich Wolf also sehr viel differenzierter, sympathischer und sehr viel vermittelnder als in dem Selbstbildnis, das er für die Öffentlichkeit zeichnete. Nur ein Beispiel, das während Wolfs Skandinavienreise spielt und von Wolf in einer privaten Kladde unter dem 31. März 1936 festgehalten worden ist:

»1^{00}. 2. Sitzung mit Emigranten. Sofort Aufeinanderplatzen der Gruppen. ›Kritik‹ >> Willi... Vortrag nicht gründlich genug. Mehr über Faschismus u. NSDAP; nicht soviel über Sowjet. Union. >>Stalinkult<< Starker Zusammenstoß, von mir gebremst.«[147] Wolf versucht also, zwischen »Stalinisten« und »Antistalinisten« zu vermitteln.

Jener »Willi« war wohl kein anderer als der spätere Bundeskanzler und Friedensnobelpreisträger Willy Brandt, der im Oktober 1991 in einem Fernsehinterview[148] davon sprach, Friedrich Wolf persönlich gekannt zu haben und mit ihm über dessen Stücke diskutiert zu haben. Willy Brandts Antwort auf meine Fragen zu seinen Begegnungen mit Friedrich Wolf[149] scheint mir den nicht-inszenierten Wolf und dessen wirkliche Ausstrahlung auf Menschen widerzugeben:

»Ich meine, daß wir mindestens zweimal in Oslo zusammengetroffen seien, jedenfalls aber 1936 in Verbindung mit der norwe-

gischen Fassung von ›Professor Mamlock‹ (...) Sein antinazistisches Engagement war mitreißend. (...) Friedrich Wolf über seine Motivationen, besonders auch hinsichtlich Mamlocks, sprechen zu hören, war für mich lehrreich oder gar faszinierend.«[150]

»wie eine alte ägyptische Mumie ausgegraben«

Kaum aus dem über 12-jährigen Exil in die Heimat zurückgekehrt, beherzigte Friedrich Wolf das Heine-Wort »Was die Stunde hat geschlagen, sollst Du deinem Volke sagen.« Bereits im November 1945 hält er seine von einem hohen, fast biblischen Ton getragene Ansprache *Deutsche zum Nürnberger Prozeß* (GW, 16, 5 ff.), in der er an die »alten Bußprediger und Mahner« erinnert, die »nach ähnlichen Katastrophen ihrem verwirrten Volke mit leidenschaftlichem Herzen zu[riefen]: »›*Metanoite*‹! Besinnet Euch!« (ibid., 7/8). »Bußprediger« aber wurden vom deutschen Volk in seiner großen Mehrheit abgelehnt – und als Jude, der die Nazigräuel überlebt hatte, stellte Friedrich Wolf für viele Deutsche ihr personifiziertes schlechtes Gewissen dar.

Wolf legte den Finger genau auf die Wunde der Mehrheit der Deutschen, wenn er später das Zentrum unsrer Schuld schilderte: »immer wieder sagten die deutschen Kriegsgefangenen, als wir sie angesichts der lebend verbrannten Frauen und Kinder und russischen Verwundeten zur Rede stellten: ›Wir selbst haben es nicht getan; wir sind nur dabeigestanden!‹ *Hiermit kommen wir aber an das Zentrum unsrer Schuld, mit diesem: Wir sind nur dabeigestanden!*« (Brief 1947 an Erich Kästner und Leopold Goldschmidt, *Die Neue Zeitung*)[151]

Friedrich Wolf 1948 im RAW Berlin-Oberschöneweide

»*Und das Volk stand und sah zu*«. Diesen Satz aus dem Lukas-Evangelium (23:35) hatte Wolf über sein noch im Exil entstandenes Schauspiel *Was der Mensch säet* (1945) gestellt. Nach seiner Heimkehr stellte sich heraus, dass er mit dem Lukas-Satz in der Tat das Zentrum der Mitschuld der Deutschen an den Verbrechen des Hitlerfaschismus traf.
In den Jahren des Exils in Österreich, der Schweiz, Frankreich, der Sowjetunion, dann wiederum in Frankreich und zum zweitenmal in der Sowjetunion hatte Friedrich Wolf künstlerisch in vielen Gattungen produziert. Vor allem seine im Exil entstandenen antifaschistischen Dramen sollten nach dem Willen Wolfs nach Kriegsende bei der Wandlung des deutschen Volkes hin zu einer demokratischen Gesinnung helfen. Umso größer war seine Enttäuschung, als er im September 1945 nach Berlin heimkehrte. Das deutsche Volk wich in seiner großen Mehrzahl der Schuldfrage aus, ein klares Bekenntnis gegen den Faschismus fehlte auch in den Spielplänen deutscher Bühnen – in allen vier Besatzungszonen. Wie Wolf, der nach eigener Aussage »inmitten des materiellen und geistigen Trümmerfeldes oft an Depressionen gelitten« hatte, »die ich früher nicht kannte« (GW, 16, 137) 1946 in einem Brief an Wsewolod Wischnewski beklagte, sei die antifaschistische Dramatik schon wieder »in die Defensive gedrängt«:
»Tatsache ist, daß unsre neuen antifaschistischen Stücke hier nicht mehr gespielt werden.« Begründet werde das mit dem fehlenden Abstand zur eigenen Geschichte. Man könne »noch nichts Gültiges über unsre Zeit schreiben. Die Frage der Schuld des deutschen Volkes ist uns noch zu nah! Vielleicht in 10-20 Jahren!«[152]. Zwar half Wolf tatkräftig beim Wiederaufbau auf dem Gebiet des Theaters, des Films, des Rundfunks, des Ver-

lagswesens, des »Bundes Deutscher Volksbühnen« und des »Kulturbundes zur demokratischen Erneuerung Deutschlands« – den Misserfolg seiner aus dem Exil mitgebrachten antifaschistischen Wandlungsdramen und auch den Misserfolg seiner nach der Heimkehr geschriebenen Dramen verwand er aber nie.
»*Fr.(iedrich) W.(olf) wird wie eine ägyptische Mumie von Archäologen ausgegraben.*« So kommentierte der Dramatiker 1947 in einem Brief an Erwin Piscator den Umstand, dass es weitgehend seine bis 1933 entstandenen Stücke seien, die jetzt auf den Spielplänen standen. Wolf beklagt: »*solch ein vermurkstes, selbstgerechtes, unbelehrbares Volk wie unsres das kann man sich auf sämtlichen Planeten suchen!* Überall sind die alten Mächte wieder ganz vorn; die Demokratie zeigt sich – da die naziotischen PGs natürlich heute noch die unbestrittene Mehrheit sind – in entsprechender Weise.«[153] In der Tat gingen angesichts des Ausweichens der Deutschen vor der nationalsozialistischen Vergangenheit Wolfs neue Stücke damals weitgehend ins Leere: Da sich das Publikum nicht mit den Protagonisten seiner Stücke identifizierte, blieben die reinigende Katharsis und die antifaschistische Wandlung aus.
Ein zweiter Grund für den Niedergang Friedrich Wolfs nach 1945 ist paradoxerweise der Aufstieg Bertolt Brechts. Dahinter steht die Debatte zwischen dem nichtaristotelischen *epischen Theater* (bei Brecht) und dem *aristotelischen Theater* (bei Wolf). Die Vor-Urteile gegenüber Friedrich Wolf reichen allerdings viel weiter zurück. Sie beginnen mit den grotesken Missdeutungen, die Wolfs Programmschrift von 1928 *Kunst ist Waffe* (GW, 15, 76-96) erfuhr – und bis auf den heutigen Tag erfährt. Weder wurde berücksichtigt, dass hier eine Jahrzehnte alte Schrift vorlag, die von den typischen Überzeichnungen

des damaligen *Bundes Proletarisch-Revolutionärer Schriftsteller* geprägt war (in dem auch Brecht arbeitete). Noch hatten Wolfs Gegner *Kunst ist Waffe* wirklich gelesen und daher nicht bemerken können, dass diese Pogrammschrift weitaus differenzierter ist als ihr gefährlich-griffiger Titel. Denn *Kunst ist Waffe* heißt bei Wolf nicht, dass ein Kunstwerk zum illustrierten politischen Leitartikel werden darf. Vielmehr ging es ihm in seiner Programmschrift vor allem um das kulturelle Erbe, um die Aneignung fortschrittlicher künstlerischer Volkstraditionen und um die Aufgabe des Dichters, in großen Zeitenwenden »Zeitgewissen« zu sein: »zum Seher, zum Mahner, zum Propheten« zu werden (GW, 15; 78, 86).

Kunst ist Waffe ist allerdings auch von der Staats- und Parteiführung der DDR gründlich missverstanden worden: Wolfs Werk wurde auf das sogenannte »proletarisch-revolutionäre« Erbe hin verengt, der Dichter selbst zum Vertreter des »sozialistischen Realismus« ernannt. Diese Vereinseitigung des Blicks auf Wolf schlug sich auch in den Schulbüchern der DDR und im Schulunterricht nieder. Die Vereinnahmung seiner Werke im Sinne der staatstragenden Geschichtssicht hat hervorgerufen, dass viele Bürger der ehemaligen DDR Friedrich Wolf nach wie vor ablehnen.

In seinem Zwiegespräch mit Bertolt Brecht zur Methodenfrage auf dem Theater *Formprobleme des Theaters aus neuem Inhalt* im Jahre 1949 legt Friedrich Wolf zur Kennzeichnung ihrer unterschiedlichen Herangehensweise seinem Gesprächspartner Brecht folgende Zuspitzung in den Mund: »Sie [Wolf; H.M.] legen bereits auf der Bühne den Finger auf die Wunde, Sie verlegen die Entscheidung auf die Bühne, und diese Methode ist zu schmerzhaft, verträgt der Zuschauer heute nicht. Sie [Wolf; H. M] als Homöopath in der Heilkunst handeln auf der Bühne als Chirurg; ich [Brecht; H. M] gehe den umgekehrten Weg, der Zuschauer merkt meine Behandlung gar nicht und schluckt so die Medizin.« (GW, 16, 224) In der Tat behandelte der Arzt Wolf die Krankheit mit dem Chirurgenmesser direkt auf der Bühne – Brecht vertraute mehr auf die »Zuschau-Kunst«, verlegte einen Teil der Entscheidungen von der Bühne ins Publikum. Um die Katharsis, um die Heilung des deutschen Volkes vom Gift faschistischer Ideologie, ging es Wolf wie Brecht.

Erwin Piscator hat bereits 1935 im Exil die künstlerische Frontstellung zwischen Wolf und Brecht analysiert: »In der endlosen Diskussion der letzten Jahre über das »epische« im Gegensatz zum »dramatischen« Gefüge des Dramas, stellt sich Wolf ohne zu zögern auf die Seite des Dramatischen, als dessen lebender Exponent; so wie Brecht, seine direkte Antithese in der Bühnenkunst, als Exponent des episch gefügten Dramas sichtbar wird.« Piscator macht aber nicht den folgenschweren Schritt des Methodenstreits nach 1945 mit – nämlich durch die Parteinahme für Brecht die künstlerische Bedeutung Wolfs herabzumindern. Im Gegenteil, so wiederum Piscator, ist »Friedrich Wolf mit dem identifiziert worden, was im deutschen Theater unserer Zeit das Neueste und Vorwärtsweisendste ist«. Wolf zeige »eine disziplinierte Meisterschaft des Dramaturgischen und jene neuartig ausgeprägte dramatische Virtuosität, die fast ausnahmslos für Wolfs Werk charakteristisch sind, wie es ja der internationale Erfolg aller seiner Stücke beweist.«[154]

Der Erfolg Brechts hatte für Friedrich Wolf fatale Folgen: Nach und nach verschwanden seine Stücke von den Bühnen der DDR. In der Bundesrepublik Deutschland wurde Wolf ohnehin nicht gespielt, denn im Kalten Krieg war er als Kommunist eine Unperson und das Spielen seiner Stücke wäre für bundesrepublikanische Intendanten ein auch berufliches Risiko gewesen. Friedrich Wolf verschwand im Westen für Jahrzehnte aus dem Gedächtnis.

Nach 1945 riefen zerstörte politische Illusionen und der mangelnde Erfolg seiner Stücke bei Friedrich Wolf wachsende Verbitterung hervor – zudem auch sein Frauenstück über den Wiederaufbau in der DDR-Nachkriegszeit *Bürgermeister Anna* als Film (1949) und als Theaterkomödie (E 1950, UA 1950) von SED-Parteibürokraten und der Parteipresse scharf attackiert wurde[155].

Tief enttäuscht zeigte sich Friedrich Wolf gegen Ende seines Lebens auch vom Bürokratismus in der DDR und in der SED, der die Kunst und die Künstler stark behinderte. In der ihm eigenen Schärfe schrieb er 1952: »Ich selbst muß mir vorwerfen, daß ich – was meine eigene Dramatik betrifft – nach über dreißig Jahren Arbeit an den deutschen Bühnen zum erstenmal den Kampf aufgegeben habe, den Kampf gegen Bürokratie, Trägheit und Dilettantismus« (GW, 16, 395). Er wolle sich deshalb statt des Schreibens eigener Stücke auf die Förderung und Unterstützung junger Autoren konzentrieren.

Der bereits schwerkranke Friedrich Wolf fragt sich in einem Brief an seine Ehefrau vom 24. September 1953: *»Soll ich in meinem Testament ein Spielverbot meiner Stücke erlassen?«*[156]

Zwei Wochen später, am 5. Oktober 1953, starb Friedrich Wolf an den Folgen eines Herzinfarktes. Sein Freund Alfred Kantorowicz spricht später davon, Wolf sei »an gebrochenem Herzen« gestorben, weil er sich am SED-Parteiapparat tödlich aufgerieben habe. Man habe »auch seine Stücke zensiert, an-

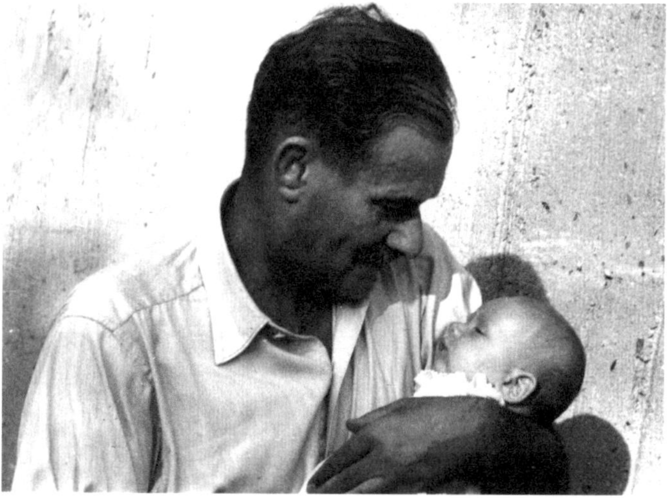

September 1953: Friedrich Wolf mit Sohn Thomas

gegriffen, ihn an den Rand gedrängt, verbittert. Ich bewahre einige seiner letzten Briefe, die Verzweiflungsschreien ähneln.« (Kantorowicz)[157]

Die Vermutung, Friedrich Wolf habe Selbstmord begangen, ist auch unter Freunden des Dramatikers nie ganz verstummt. Gegen die Selbstmordthese sprechen letzte Aufnahmen von Friedrich Wolf vom 1. Oktober 1953 (die ich 1988 in die Neuwieder Wolf-Ausstellung[158] und in eines meiner Wolf-Bücher aufnehmen konnte[159]). Entstanden sind diese Fotos von Friedrich Wolf in Leipzig während seiner Rede *Meisterschaft und Volkstümlichkeit* und nach der Premiere des *Armen Konrad* im

Leipziger Schauspielhaus. Freunde wie Professor Hans Mayer bestätigen, dass Friedrich Wolf schon schwerkrank nach Leipzig gekommen war. Die Aufnahmen zeigen denn auch einen schwer gezeichneten Mann mit fiebrigen Augen. Dem erstaunten Leipziger Generalintendanten Max Burghardt sagte Wolf zum Abschied: »Nun habe ich doch wenigstens *noch zum letztenmal meinen ›Armen Konrad‹ gesehen.*«[160]

Wolf wusste also um seinen Zustand. Der Arzt Friedrich Wolf hatte dem Patienten Friedrich Wolf zu wenig Beachtung geschenkt. Auf einem anderen Blatt steht die Frage nach der inneren Kraft, sprich: der Bereitschaft Wolfs, gegen die schwere Krankheit noch anzukämpfen. Der Dramatiker Peter Hacks meinte nach seiner Übersiedlung aus der Bundesrepublik in die DDR, er habe *die Emigranten als enttäuschte, innerlich gebrochene Menschen angetroffen.* Was Hacks hier am Typus des heimgekehrten Emigranten Hanns Eisler beobachtete, »traf sicher auch Friedrich Wolf zu« (so der Literaturwissenschaftler Werner Mittenzwei)[161].

War der »nicht ermüdbare Kämpfer für einen neuen Humanismus« Wolf nicht doch ermüdet?

Was bleibt von Friedrich Wolf?

Hans Koschnick sagte 1988, dass Friedrich Wolf »ohne Übertreibung *der international bekannteste Bürger Neuwieds* ist«.[162] In der Tat ist der Name Friedrich Wolf international ein Begriff – ob man in die USA reist, nach Israel, nach Südfrankreich oder Russland. Auch in unserem Nachbarland Polen erinnert sich man voller Hochachtung daran, dass es Friedrich Wolf war, der als erster Botschafter der DDR durch Vertragsentwürfe, durch ein Kulturabkommen und durch den Dialog von polnischen und deutschen Schriftstellern versuchte, trotz der »jahrhundertealten, blutbelasteten deutsch-polnischen Geschichte« zum Abbau von gegenseitigen Ressentiments und zur Verständigung zu kommen: »So wurde Friedrich Wolf ein früher Wegbereiter der Aussöhnung zwischen beiden Völkern.« (Koschnick, Oktober 2003)[163]

Wie aber ging man in Neuwied mit dem größten Sohn der Stadt um? 1988, zu seinem 100. Geburtstag, hatte man Wolf noch gefeiert. Im Januar 1994 beantragte die CDU-Stadtratsfraktion allerdings, die 1988 erfolgte Benennung einer Friedrich-Wolf-Straße und des Friedrich-Wolf-Platzes wieder rückgängig zu machen. 1988 waren sich Alle einig: *»Friedrich Wolf ist ohne Neuwied undenkbar.«* 1994 schien dann *Neuwied ohne Friedrich Wolf denkbar*. Aber das nach den Worten von Walter Jens (damals Präsident der Akademie der Künste Berlin) »schier unglaubliche Bubenstück« der CDU Neuwied scheiterte.

Was bleibt, ist die Einschätzung von Walter Jens, wie ein Eingedenken an Friedrich Wolf aussehen muss, »das Kritik nicht ausschließt, sondern im Gegenteil verlangt«: »Ein Mann wie

Friedrich Wolf hat blinde Akklamation so wenig verdient wie Eliminierung im Stil totalitärer Regime. Man muss sich mit ihm auseinandersetzen: einem bedeutenden Schriftsteller, der ein Kosmopolit war und den Respekt seiner Heimatstadt verdient.« Es gehe um historische Verantwortung und die »Fähigkeit, sich in finstere Zeiten hineinversetzen zu können… gegenüber einem Autor, *der in der Literaturgeschichte unseres Landes zurecht einen herausgehobenen Platz einnimmt*«. (1994)[164]

Friedrich Wolf hat sich nicht nur als Arzt für die Gesundheit seiner Patienten eingesetzt, sondern wollte in seinem Kampf für mehr Menschlichkeit und soziale Gerechtigkeit auch die Gesellschaft grundlegend »heilen«. Ob die dabei angewandten Mittel tauglich waren, sei dahingestellt. Aktuell geblieben sind zudem die Tugenden, die Wolf in seinem Professor Mamlock aufzeigte: Toleranz und Zivilcourage, Aufrichtigkeit und – vor allem – *»Mut, nochmals Mut, immerzu Mut!«*. Denn wo Gewalt und Unrecht geschieht, darf es nicht sein, dass man gaffend »bloß dabeigestanden« ist.

Das Erbe eines Schriftstellers anzutreten, heißt ihn zu lesen – vielleicht auch, seine Erkenntnisse zu nutzen. Was bleibt also von Friedrich Wolf und seinem Werk? Es bleibt Vieles aus Wolfs Erbe, was es wert wäre, als Erbe auch in unseren Schulen behandelt zu werden. Zum Beispiel:

- ist Friedrich Wolfs engagierte *Rede zum Nürnberger Prozeß gegen die Hauptkriegsverbrecher* vom September 1945 ein Lesestoff, der in den Geschichtsunterricht gehört (GW, 16, 5 ff.).
- Das Gleiche gilt für den *Professor Mamlock* – als Lesestoff und als Film: als didaktisches Angebot für die Unterrichts-

fächer Deutsch, Geschichte und Sozialkunde (GW, 3, 295 ff.).

Für Lehrer gibt es noch Vieles mehr von Friedrich Wolf, das den Auftrag von Pädagogen, die Schüler zur Demokratie, zu Humanismus und Toleranz und gegen Fremden- und Rassenhass zu erziehen, wertemäßig unterstützen könnte.

- Da ist zum Beispiel die kleine Geschichte *Nimm die Mütz' ab, Junge!* von 1947, in der Friedrich Wolf erinnert, wie zwei saftige Ohrfeigen seiner geliebten Oma ihn schon als Kind dagegen immun machten, Fremde zu verhöhnen und die Würde fremdartig aussehender und sprechender Flüchtlinge zu missachten (GW, 13, 403 ff.).
- Da ist die kleine Geschichte *Die Juden von Marseille* von 1942, die beweist, dass es durchaus möglich war, den jüdischen Nachbarn gegenüber Solidarität zu zeigen. Der Augenzeuge Friedrich Wolf beschreibt, wie 1941 die nichtjüdischen Geschäftsleute und Kleinhändler in Marseille die Kennzeichnungspflicht jüdischer Geschäfte als »Magasin Juif« ins Leere laufen ließen, indem auch sie das Schild »Magasin Juif« an ihren Läden anbrachten. Plötzlich gab es in Marseille nur noch jüdische Geschäfte und Läden … (GW, 13, 116 ff.).
- Da ist Wolfs Aufsatz *Der Aufstand des Warschauer Ghettos* von 1948, in dem des Heldentums jüdischer Freiheitskämpfer des Warschauer Ghettos gedacht wird, die 1943 – von der Welt allein gelassen – gegen die Übermacht von SS-Spezialeinheiten ankämpften – aussichtslos ankämpften. Friedrich Wolf erzählt in dieser Geschichte auch eine anrührende Episode aus dem Ghetto von Wilna, das wie das Warschauer Ghetto grausam liquidiert wurde: Wilnaer Juden, den Mör-

dern schon in umliegende Wälder entkommen, gehen noch einmal ins von SS besetzte Ghetto zurück. Denn ein alter jüdischer Gelehrter hat dort sein Lebenswerk zurückgelassen: den letzten Band seines Manuskripts über Keilschriften, babylonische und assyrische Sprachen. Das Manuskript wird gefunden,von den jüdischen Freiheitskämpfern aus dem Ghetto herausgebracht und dem alten Gelehrten übergeben, der in den Wäldern sein Lebenswerk vollendet (GW, 16, 198 ff.).

Da wäre noch so viel mehr von Friedrich Wolf, was wert ist, von Pädagogen behandelt zu werden:

- Wolfs viele *Märchen, Tiergeschichten und Fabeln* zum Beispiel, die schon für den Kindergarten, vor allem aber für den Vorschul- und Grundschulunterricht taugen (GW, 14)[165].
- *Pit Pikus und die Möwe Leila*, die bittersüße Liebesgeschichte des Spechts Pit Pikus und der Möwe Leila, die sich ihr großes Gefühl füreinander bewahren. Vom Spechtvolk und vom Möwenvolk verjagt, genügen sie sich letztlich selbst: »da wiegen sich über der silbergrauen endlosen Fläche zwei Vögel im kühnen und glücklichen Flug… und die Sterne schauen mit ihren Strahlenaugen lächelnd hinab«(GW, 14, 97 ff.; hier: 118 f.). Das reine »große Gefühl«, das Ausgrenzung, Vorurteile und den gegenseitigen Hass der Völker überwindet: *Pit Pikus und die Möwe Leila* – das ist 1944/1945 eine künstlerische Parabel, die in einer Zeit, in der sich die Völker noch im Weltkrieg zerfleischen, Wolfs Humanismus, aber auch seine Zuversicht in die Zeit nach dem Krieg illustrieren. Zugleich zeigt Wolfs Geschichte des Spechts und der Möwe jüdische Prinzipen des Denkens auf: das *dialogische Prinzip* – die Grundhaltung: dem *Anderen*

sein Anderssein zu lassen, ja dieses Anderssein als Gewinn für sich selbst anzusehen.

Friedrich Wolf hatte immer auch die nach Orientierung suchende junge Generation im Blick, die mutig und aufrecht durchs Leben gehen solle. Zwei für die Wertevermittlung in unseren Schulen geeignete Kurztexte verdeutlichen das:

So schreibt Friedrich Wolf mitten im Krieg einen Geburtstagsbrief an seinen Sohn Konrad, der diesem ein Leben lang Richtschnur blieb:

»Wenn es schwere Situationen im Leben gibt, wo einem keiner raten und helfen kann, da muss man selbst nach seinem Gewissen die Entscheidung mutig fällen und den Weg unbeirrt zu Ende gehn. Der größte Mut – das gilt auch für den Krieg – ist die Zivilcourage, das heißt in allen wichtigen Dingen seine Überzeugung zu vertreten und seine Meinung zu sagen! Das kann einen gewiss manchmal bei kleinen Geistern missbeliebt machen; aber letzten Endes ist es das richtige und hat auch den Aufrichtigen niemals gereut.«[166]

Und auf einer Schulentlassungsfeier gibt er Mitte 1949 den Ratschlag: Seid *»Keine Duckmäuser, keine Heuchler, keine Feiglinge, keine Egoisten, Geizhälse, Selbstsüchtigen! Habt Mut! Überzeugt Euch selbst! Macht die Augen auf! Und dann sagt Eure Meinung! Tut das, was Ihr für recht haltet! Habt Acht vor Phrasen!«*[167]

»le Chaim, Doktorle!«
Ein West-Ost-Dialog 1948/49

Der Kalte Krieg hat begonnen, Berlin ist gespalten, da kommt es zu einem West-Ost-Dialog zwischen zwei zurückgekehrten deutschen Juden: Hermann Lewy, Redakteur von »DER WEG. Zeitschrift für Fragen des Judentums« in Berlin-Kreuzberg, veröffentlicht im amerikanischen Sektor von Berlin Glückwünsche an Friedrich Wolf. Der wohnt in der sowjetisch besetzten Zone in Lehnitz bei Oranienburg – und bedankt sich wenig später in einem Brief an Lewy.

Hermann Lewy: Friedrich Wolf zum 60. Geburtstag Glückwunsch der Redaktion »DER WEG«

Berlin, 24. Dezember 1948

Lieber Doktor!
Die Grüße der Gratulanten werden sich am 23. Dezember bei Ihnen häufen, aus aller Welt werden sie kommen, aus Ost und West, und werden der Beweis dafür sein, daß Kultur keine Grenzen kennt – und darüber hinaus, daß man Sie in aller Welt ehrt und verehrt. Die Briefe werden handgeschrieben sein und maschinegetippt; es werden Telegramme ankommen, schmucke Drucksachen und einfache, von ungelenker Hand geschriebene Zeilen. Zeitungen und Zeitschriften aller Sprachen werden an diesem Tage Ihrer gedenken und Ihre Werke, die zum Kulturgut der fortschrittlichen Völker gehören, würdigen. Erlauben Sie, daß auch wir vertreten sind, und gestatten Sie, daß wir Sie an diesem Tage mit »*Doktorle*« anreden.
In Ihrer uns ganz besonders ans Herz gehenden Kurzgeschichte »*Jules*« haben Sie einen Glaubensgenossen gezeich-

net, liebevoll charakterisiert, einen heimatlosen Juden, der aus einem östlichen Lande nach Frankreich zugewandert ist und, obgleich sein Sohn in der französischen Fremdenlegion für Frankreich kämpft und seine Tochter »vor Daladier tanzen durfte«, nach dem deutschen Überfall auf Frankreich als lästiger Ausländer in einem Konzentrationslager eingesperrt wird. Dieser Jules, dessen Geburtsname gar nicht Jules ist, sondern der aus dem Spottruf Juif – Jude – diesen Namen angehängt bekam, dieser Jules, Spiegelbild vieler Menschen unserer Tage, kümmert sich nicht um Politik, er sieht nur eines: die Arbeit, um seinen Kindern ein besseres, bequemeres Leben zu verschaffen.

Jules lernt im Camp du Vernet Sie und Menschen Ihrer Weltanschauung kennen – und Sie bringen ihm dort als erster Verständnis entgegen, und Sie redet er dankbar mit »Doktorle« an und noch auf dem Totenbett, als er an den Folgen der von Vichy-Soldaten erhaltenen Schläge stirbt, simuliert er von seinem »Doktorle«. Für viele Menschen sind Sie das »Doktorle«, wobei diese Diminutivform keine Verniedlichung, sondern eine von Herzen kommende Anerkennung bedeutet.

Sie haben in Ihrem literarischen Schaffen den Menschen unserer Zeit viel gegeben, Halt und Richtschnur. Sie haben sich mit Ihren Bühnenwerken stets und ständig für den Fortschritt eingesetzt, und die Gestalten in Ihren Dichtungen, selbst in denen, die nicht in der Gegenwart spielen, finden Parallelen in Gestalten, wie wir ihnen heute begegnen. Sie haben Schicksale gestaltet, die ergreifen, ja mehr noch, die zum Nachdenken anregen. Sie hatten ein bewegtes Leben, und die Stationen dieses Lebensweges, der durch viele Länder und Staaten führte – teils auf freiwilligen, teils auf durch poli-

tische Geschehnisse aufoktroyierten Reisen – spiegeln sich in Ihren Werken wieder.
Auch das jüdische Problem hat Sie innerlich ergriffen, und Sie haben versucht, an dieses von Ihrem politischen Standpunkte aus heranzugehen. Mit »*Professor Mamlock*« schufen Sie ein Drama, in dem Sie selbst durch die Figur des jungen Mamlock [bei Lewy jeweils: *Mamlok*; H.M.] zu uns sprechen – so scheint es mir. Professor Mamlock ist der Typ des deutschen Juden, wie wir ihn häufig genug angetroffen haben: der Jude, der an die nationalistischen Deutschen glaubt, der annimmt, weil er für Gott, Kaiser und Vaterland seine Pflicht getan habe, daß dies ihm zur Ehre angerechnet werden würde; dem die Undankbarkeit der Menschen, die Seite an Seite mit ihm leben, etwas Unvorstellbares ist, da er nicht in der Lage ist, die Umwelt klar zu erkennen, da er das als Undank bezeichnet, was Rückschritt verkörpert. Mamlock ist ein angesehener Arzt, wird von seinen Mitarbeitern geehrt, bis es ihnen anders anbefohlen wird – und sieht sich den einbrechenden politischen Ereignissen ungerüstet und fassungslos gegenüber. Sein Sohn allerdings versucht ihm klarzumachen, wo seine Verbündeten stehen, wofür es gilt einzutreten, aber der alte, rückständige Mamlock weist eher sein eigenes Blut aus dem Hause, als zuzugestehen, daß er bisher einen falschen Weg gegangen und daß es höchste Zeit ist, kehrtzumachen und einzusehen. Professor Mamlock wird von den Nazis diffamiert, er muß den gelben Fleck tragen und sein Lebenswerk, die Klinik, aufgeben, wird beschmutzt, geschlagen – ein Freiwild.
Als ich – aus der deutschen Heimat vertrieben – in der Emigration »*De gelbe Latte*«, den in jüdischer Sprache verfilmten Mamlock sah, bemerkte ich, daß viele Flüchtlinge aus

Deutschland weinten, von dem von Ihnen so menschlich echt gestalteten Stoff ergriffen. Ich hoffte, daß die Tränen verstockte Herzen lösen würden, daß Film und Erlebnisse Lehren, zu befolgende Lehren, erteilen würden – aber? Wir schreiben heute 1948, und wie lange wird es dauern, bis man Juden, Antifaschisten wieder ungestraft vor aller Welt in den Schmutz zerren und treten darf – da jetzt schon wieder antisemitische Rufe, antisemitische Nachrichten in Zeitungen und im Alltag laut werden dürfen – ?

Mamlock starb, aber sein Sohn ist den Weg gegangen, auf dem Demokratie, Fortschritt, Menschenrechte die Wegweiser sind, er hat den Kampf gegen den faschistischen Ungeist der Zeit aufgenommen. Den Kampf, den Sie führen, in dem Sie führend sind.

In vielen Sprachen wird man Ihnen zu ihrem Sechzigsten alles »alles Gute« wünschen, erlauben Sie uns, Doktorle, daß wir Ihnen herzlich »le chaim« sagen: Zum Heile, zum Wohle! Zum Wohle der Menschheit, der Menschlichkeit – für die sie immer eingetreten sind – mögen Sie noch recht viele gesunde, schaffensfrohe, erfolgreiche Jahre unter uns verbringen.

Ihr
Hermann Lewy

Berlin, 24. Dezember 1948. DER WEG. Zeitschrift für Fragen des Judentums. Jahrgang 3/Nr. 52, S. 11 f. Berlin SO 36, Fraenkelufer 10/16

»Ich habe mich zu meinen Vorfahren bekannt«

Lehnitz, 3. Januar 1949

Lieber Hermann Lewy!

Mit Ihrem Artikel zu meinem 60. Haben Sie mir eine große Freude bereitet. Er kam von Herzen – unzweifelhaft – und hier sprach »a Mensch«, wie Jules als höchste Anerkennung bisweilen zu seinem *»Doktorle«* sagte. (...)

Sie wissen vielleicht nicht, daß ich außer in »Jules« und *»Professor Mamlock«* in noch 2 Arbeiten mich zu meinen Vorfahren bekannt habe: einmal in *»Das Heldenlied des Alten Bundes«*/ Deutsche Verlags-Anstalt 1925, wo ich auf Grund der Forschungen und Textkritik von Graetz, Bernfeld, Kittel, Delitsch und vor allem des Franzosen Jean Astruc die Urform herauszugraben suchte, vor allem in dem uralten ersten Dialogstück des Deborahliedes, Jotams Fabel, der großartigen Simsonlegende bis zum Schluß des grandiosen, menschlich reifsten Klagelied des jungen David, dem *»Bogenlied«* nach Jonathans Tod.

Ich habe damals, als man mich nach dem Erfolg meines Bauernkriegsdramas *»Der Arme Konrad«* etwas einseitig für Schwaben reklamieren wollte, grade dies Heldenlied des jüdischen Volkes mit einem längeren Vorwort versehen, um diese grandiose, ewige Dichtung in meinem Deutsch unsern hiesigen Landsleuten näherzubringen.

Ich habe auch darauf hingewiesen, daß die deutsche Klassik und Aufklärung von Klopstocks *»Messias«* über Händels *»Saul«* und *»Belsazar«*, Haydns *»Schöpfung«*, über Rembrandt, Dürer, Lessing und Goethe ohne das alttestamentarische Erbe undenkbar wäre.

Dann habe ich in meinem frühen Drama *»Mohammed«*, das demnächst neu erscheint, nochmals den Urquell des Alten Bundes angeschlagen.
Trotz aller Stupidität und verbrecherischen Vergeßlichkeit vieler unsrer Landsleute – wir wollen nicht vergessen, daß es ein Geistesbündnis *Lessing – Moses Mendelssohn, Goethe – Spinoza* gab.
Und Sie erinnern sich, daß grade am Grabe Jules die deutschen Antifaschisten und Kämpfer der spanischen Interbrigaden vor dem kleinen polnischen jüdischen Lederarbeiter die Faust an den Mützenrand erhoben für ihren tapferen Kameraden. Das ist ein Anfang.
Also, lieber Hermann Lewy, nochmals meinen bewegten Dank für ihren besonders schönen Artikel!

[bisher unveröffentlicht]

Quellen und Anmerkungen

Aus den 16 Bänden *Gesammelte Werke* von Friedrich Wolf wird im Text zitiert als: (GW, Band, Seite).
Hervorhebungen in Zitaten stammen fast ausnahmslos vom Verfasser der hier vorgelegten Arbeit.

1 Erstveröffentlicht in: Henning Müller: Friedrich Wolf – Weltbürger aus Neuwied. Neuwied am Rhein 1988 [im Folgenden: Müller 1], S. 127 f.

2 Vgl. Müller 1, S. 165 ff.: Julius Meyer, Vorsitzender der Jüdischen Kultusgemeinde Neuwied: Originalbericht über das Schicksal der Familie Meyer. Neuwied, 2. 1. 1949. Bericht an Friedrich Wolf, 33 Seiten. In: Die unglaubliche Geschichte der Wiederentdeckung der »Karussellagnes« aus Neuwied. Nacherzählt von Henning Müller [In: Müller 1, S. 161 ff.]

3 Vgl. Henning Müller: »Ist es, weil ich Jude bin«. Jüdische Traditionslinien bei Friedrich Wolf. Kindheitsmuster und Lebenslinien. 238 Seiten. Habilitationsschrift. Berlin (West), September 1989. – In Berlin (DDR) 1989 als: Der frühe Friedrich Wolf: Kindheitsmuster und Lebenslinien. Ein Beitrag zur Erbeaneignung.

4 Vgl.: Henning Müller: Die Polemik um die Stücke Friedrich Wolfs: Februar/März 1947. In: Henning Müller. Theater im Zeichen des Kalten Krieges. Untersuchungen zur Theater- und Kulturpolitik in den Westsektoren Berlins 1945–1953 (Dissertation, Freie Universität Berlin). Berlin 1976, S. 56–68.

5 Der Verfasser war an den Friedrich-Wolf-Ehrungen in Neuwied maßgeblich beteiligt. Vgl. u.a.:
Henning Müller: Ein jüdischer Ritter: Professor Mamlock. Premiere in Neuwied am 13. Januar. In: Rhein-Zeitung, 5. Januar 1988. Koblenz (Ausgabe Neuwied).
Henning Müller: Rede im Schlosstheater Neuwied zur Eröffnung der Ausstellung »*Mut, nochmals Mut, immerzu Mut!*« Friedrich Wolf: PROFESSOR MAMLOCK. Fotos und Dokumente zum Schicksal des Stücks und seines Autors in den Jahren 1933–1945« [Konzeption: Henning Müller, Realisation: Henning Müller/VHS Neuwied] im Schloß Neuwied, 10. Januar 1988, 8 Seiten. Gekürzt in: stadt-magazin. Leben in Neuwied. Nr. 3/4, März/April. – Nach der Präsentation in Neuwied 1988 wurde »Friedrich Wolf: *Professor Mamlock.* Fotos und Dokumente…« zur Wanderausstellung mit Begleitbroschüre (Hg.: Roland R. Knapp, Neuwied).
Henning Müller: Friedrich Wolf – Weltbürger aus Neuwied. Hg.: Stadtverwaltung Neuwied und Peter-Kehrein-Verlag. Neuwied am Rhein, März 1988.
Henning Müller: »*Der jüdische Arzt und Kommunist Dr. Friedrich Wolf*«. Dokumente des Terrors und der Verfolgung 1931–1944. Ein Memorial anlässlich des Jahres der 50. Wiederkehr der Reichspogromnacht vom 9. November 1938. Hg.: Stadtverwaltung Neuwied, 9. November 1988.

Henning Müller (Mitherausgeber): »*Mut, nochmals Mut, immerzu Mut!*« Protokollband des I. Internationalen Wissenschaftlichen Friedrich-Wolf-Symposions in Neuwied am Rhein vom 2. bis 4. Dezember 1988 (Wissenschaftlicher Leiter und Mitherausgeber). Neuwied 1990 [im Folgenden: Protokollband].
Darin: Henning Müller: *Aus Liebe zu unserem deutschen Volke*. Friedrich Wolf – Exil und Heimkehr. S. 109–130.

6 Vgl. Henning Müller: »Das Allerheiligste ist der Mensch!«. Friedrich Wolf – Weltbürger aus Neuwied. Eine kritisch-solidarische Würdigung anlässlich des 50. Todestages des Dichters (5. Dezember 2003). Sonderdruck 2004, 56 Seiten. Broschüre. Hg.: Landeszentrale für politische Bildung Rheinland-Pfalz, Deutsch-Israelischer Freundeskreises Neuwied und Friedrich-Wolf-Gesellschaft.

7 Henning Müller: Friedrich-Wolf-Gedenkrede anlässlich des 50. Todestages des Dichters am 5. Dezember 2003 im Schloss Neuwied-Engers. 13 Seiten. Redemanuskript: PDF-Datei.

8 Henning Müller: »Das Allerheiligste ist der Mensch!«. A.a.O.: Roland R. Knapp (2004): Klappentext.

9 Friedrich Wolf: Weshalb schrieb ich den »Professor Mamlock«? In: Tägliche Rundschau. Berlin, 8. 1. 1946. Neuabdruck in: Müller 1, a.a.O., S. 89 f.

10 Bertolt Brecht am 18. Oktober 1953 auf der Veranstaltung »In memoriam Friedrich Wolf«. In: Theater der Zeit. Berlin (DDR), 11. 11. 1953, S. 4.

11 Die Formulierung stammt aus einem Presseartikel zur hebräischen Uraufführung des Wolf-Stückes am 25. Juli 1934 in Tel Aviv (Titel: Professor Mannheim). Zitiert bei Frank Stern: »Professor Mannheim« 1934 in Tel Aviv. In: Protokollband. A.a.O., S. 235.

12 Vgl. dazu: Hermann Simon: Moses Mendelssohn. Gesetzestreuer Jude und deutscher Aufklärer. Reihe: JÜDISCHE MINIATUREN, Band 1. Berlin 2003, S. 20/21.

13 Friedrich Wolf: Brief an Hermann Lewy. Lehnitz bei Oranienburg, 3. 1. 1949, 2 Blatt.

14 Lion Feuchtwanger: Friedrich Wolf zu seinem 60. Geburtstag (1948). Abgedruckt in: Müller. WER WAR WOLF? . Köln, November 1988, S. 250 f.

15 Die Nähe der Lebenspraxis Wolfs zu israelischen Weisheitslehren entdeckten auch evangelische Theologen; vgl.: Pfarrer Jürgen Seim: Zum Gedenken an Friedrich Wolf. Predigt über Sprüche 31,8; gehalten in der Johanneskirche Neuwied. Neuwied, 10. Januar 1988. Manuskript, 6 Seiten.

16 Zeugnis des Königlichen Amtsgerichts Dresden vom 27.5.1913. In: Friedrich-Wolf-Archiv der Akademie der Künste Berlin-Brandenburg [im Folgenden: FWA].

17 Friedrich Wolf: Brief an Ida Wolf vom 31. 7. 1915. In: Wolf. Briefe. Eine Auswahl. Berlin (DDR) und Weimar 1969, S. 8.

18 Friedrich Wolf: Brief an Hermann Lewy vom 3. 1. 1949, a.a.O.

19 Friedrich Wolf: Der neue Glaube oder Die religiöse Frage und die wirtschaftliche Antwort. In: Der Kronacher Bund. 5. Jg., Heft 8/9, März 1926.

20 Nachwort zu »*Thomas Münzer. Der Mann mit der Regenbogenfahne. Ein Schauspiel*« (1952/53). In: Friedrich Wolf. Gesammelte Werke in sechzehn Bänden. Hg. von Else Wolf und Walther Pollatschek, Berlin (DDR) u. Weimar 1960–1968. Band 6, Seite 410f.).

21 Friedrich Wolf: Brief an Irmgard Schaaf vom 23. 12. 1952. In: FWA/Mappe 370.

22 Vgl.: Frank Stern (Beer-Sheva/Israel): Wanderjahre der Utopie. Thomas Münzer 1523, 1953, 2003. Vortrag in der Humboldt-Universität zu Berlin, 2. 10. 2003. In: Friedrich-Wolf-Gesellschaft (Hg.): Friedrich Wolf 2003. Zum 50. Todestag Friedrich Wolfs. Beiträge zu den Friedrich-Wolf-Kulturtagen 2003 in Berlin, Lehnitz und Postdam [im Folgenden: Friedrich Wolf 2003]. Berlin 2004, S. 32 ff.

23 Friedrich Wolf: Das Heldenepos des Alten Bundes. Aufgespürt und in deutschen Worten von Friedrich Wolf. Stuttgart/Berlin/Leipzig 1925.

24 Ebenda, S. 9.

25 Ebenda, S. 33.

26 Ebenda, S. 10.

27 Äußerung von Arnold Zweig in: Erinnerungen an Arnold Zweig. Ein Film im Auftrag des Fernsehens der DDR von Maja Ulbrich und Peter Zenthöfer. Erstsendung: 10. 11. 1987.

28 Friedrich Wolf: Das Heldenepos des Alten Bundes, a.a.0., S. 9.

29 Friedrich Wolf: Judentum und Antisemitismus (1943/1944). Erstveröffentlichung in: Müller 1, a.a.O., S. 125 ff.
Friedrich Wolf: Jewrei (1943/1944). Vortragskonspekt für die Arbeit im Nationalkomitee Freies Deutschland. Erstveröffentlichung in: Müller 1, a.a.O., S. 124 f.

30 Ebenda, S. 125: In *J e w r e i* erzählt Wolf den kriegsgefangenen deutschen Offizieren folgenden »Flüsterwitz« über die Gründe der Niederlage Deutschlands im 1. Weltkrieg: »Weshalb haben wir den Krieg verloren? Wegen der jüdischen Generäle. « (die es in der deutschen Armee gar nicht gab...)

31 Heinrich Heine: Ludwig Marcus. Denkworte – Spätere Note. Im März 1854. In: Heine. Werke und Briefe. Berlin (DDR) und Weimar, Band 7, S. 298.

32 Gunter Ransenberg Pueblo (Mexiko): Brief an Henning Müller vom 13.3. 1989.

33 Julius Ransenberg: Kriegsgedächtnis-Predigt vom 4. 4. 1919 in der Neuwieder Synagoge. Text in: Franz Regnery: Jüdische Gemeinde Neuwied. Geschichte in Bildern und Dokumenten. Hg.: Deutsch-Israelischer Freundeskreis Neuwied. Neuwied am Rhein 1988, S. 242.

34 Friedrich Wolf: Doktor Mamlocks Ausweg. Unveröffentlichtes handschriftliches Manuskript der 1. und 2. Szene der 1. Fassung und Notizen des Verfassers. Mai 1933. Paris. Kladde, Konvolut, 128 Seiten. Hier: S. 127/128.

35 Moritz Meyer: Sinai-Briefe an meinen Neffen Fritz. Eine moderne Glosse von einem Rechtsgelehrten. Neuwied, o.J. (=1910).

36 Friedrich Wolf: Berglied (1904). In: FWA/Mappe 12 0/2.

37 Friedrich Wolf: Brief an Gustav Gerstenberger (1918). In: Auf wieviel Pferden ich geritten Der junge Friedrich Wolf. Dokumentation. Hg.: Dr. Emmi Wolf/ Brigitte Struzyk. Berlin (DDR) und Weimar 1988, Marginalie S. 150.

38 Von Wolf zitiert in: Jewrei, a.a.0.

39 ebenda

40 Friedrich Wolf: JERUSALEM – ANGORA – MOSKAU. Entwurf einer Reise längs der vorderöstlichen Europascheide. 4 Blatt und Vorsatzblatt = Kartenzeichnung: »JERUSALEM – ANGORA – MOSKAU. Das vorderöstliche Kristall. Marschplan nach Dr. Friedrich Wolf Hechingen, 23.12.1924.« In: FWA/Mappe 167, Kladde 2.

41 Ebenda: Friedrich Wolf:. Tagebucheintragung vom 23. 12. 1924, Tagebucheintragung vom 28. 12. 1924.

42 Vgl. d. Aufführungs- und Veröffentlichungsnachweise in: Müller 1, a.a.0., S. 199 ff.

43 Kulturamt Stuttgart (Hg.): Friedrich Wolf –. Die Jahre in Stuttgart 1927-1933, Ein Beispiel. Ausstellung. Katalog (Text- u. Bildauswahl: Michael Kienzle, Dirk Mende), Stuttgart 1983, S. 8.

44 Hans Koschnick: Rede zum Festakt anlässlich des 50. Todestages von Friedrich Wolf. Berlin, Akademie der Künste, 1. Oktober 2003. Redemanuskript, S. 3.

45 Ebenda, S. 3 f.

46 So Prof. Dr. Günter Bröhl (Remscheid): Friedrich Wolf ist, war und bleibt verfemt bei uns. In: Frankfurter Rundschau, 15. 10. 1991 (Rubrik: Freie Aussprache).

47 Friedrich Wolf: Brief an Conrad Felixmüller vom 21. 10. 1947. In: Friedrich Wolf. Briefwechsel. Eine Auswahl. Berlin (DDR)/Weimar 1968, S. 309 f.

48 Inge von Wangenheim: Der unbestritten schönste Mann. In: Henning Müller. WER WAR WOLf? Köln, November 1988. S. 129.

49 Vgl. Müller 1, a..a.0., S. 26.

50 Geprägt hat den jungen Friedrich Wolf u.a. die Lektüre von: Peter Kropotkin: Gegenseitige Hilfe in der Tier- und Menschenwelt. Deutsche Ausgabe von Gustav Landauer (Volksausgabe). Leipzig 1910.

51 Vgl. Hans Müncheberg: Blaues Blut aus Adlershof: Der Deutsche Fernsehfunk. Erlebtes und Gesammeltes. Berlin 2000, S. 41 f. – Hans Müncheberg: Friedrich Wolf und das Fernsehen. Vortrag in der Humboldt-Universität zu Berlin, 2.10. 2003. In: Friedrich Wolf 2003. A.a.O., S. 169.

52 Lotte Rayß 1999 gegenüber dem Verfasser.
Vgl. Henning Müller: Der Mann mit der kristallenen Seele. Liebe im Schatten des Abgrunds: Friedrich Wolf und Lotte Rayß. Aus ihren Lebenserinnerungen erzählt von Lotte Rayß. Unveröffentlicht.

53 Brief der Mutter Ida Wolf an Else Dreibholz. Neuwied, 31. 3. 1922. Erstveröffentlicht in: Müller 1, a.a.0., S. 41.

54 Friedrich Wolf: Verzeiht! Gedicht. 1945. In: GW, 12, 146.

55 Friedrich Wolf: Knabenträume. Gedicht. 10. Januar 1945. Hier zitiert nach: Müller 1, a..a.0., S. 17.

56 Vgl. Müller: »*Der jüdische Arzt und Kommunist Dr. Friedrich Wolf*«. Dokumente des Terrors und der Verfolgung. A.a.O.

57 Friedrich Wolf: Brief an Sonja und Wsewolod Wischnewski. Paris, 31. 10. 1938. In: Friedrich Wolf: Briefwechsel. Eine Auswahl. Berlin (DDR) 1968, S. 215 f.

58 Friedrich Wolf: Brief an Carl Trepte, 23. 2. 1939. In: Wolf. Briefe (1969), S. 169.
59 Selbst in Le Vernet interniert, schrieb Arthur Koestler: »Le Vernet kann im Hinblick auf die Ernährung, Unterbringung und Hygiene *zu den Konzentrationslagern der Nazis gezählt werden.*« Arthur Koestler: Scrum of the earth (1941); deutsch als: Der Abschaum der Erde. Wien 1971.
60 Walter Jens: »In heiligem Zorn«. Schreiben an die Stadtverwaltung Neuwied zum Andenken an Friedrich Wolf, Tübingen/Berlin 1994. In: EINSPRUCH. A.a.0. Neuwied, Jg. 2, Nr. 1, 1994, S. 4.
61 Zitiert in: Müller. WER WAR WOLF? a.a.0., S. 184.
62 Gunter Ransenberg (Puebla/Mexiko): Brief an den Oberbürgermeister von Neuwied, 24. 3. 1974.
63 Julius Hay: Geboren 1900. Aufzeichnungen eines Revolutionärs. Mchn. 1977, S. 258.
64 Wolfgang Langhoff: Ein großes, feuriges Herz schlägt nicht mehr. Rede an der Bahre Friedrich Wolfs. In: Neues Deutschland. Berlin (DDR), 10. 10. 1953.
65 Alfred Kantorowicz: Exil in Frankreich. Merkwürdigkeiten und Denkwürdigkeiten (1971); hier: Frankfurt am Main 1986, S. 194/195.
66 Friedrich Wolf: Eintrag vom 16. 2. 1952. Kladde.
67 Von der Behinderung künstlerischer Arbeit durch »*Apparatschiks*« spricht Friedrich Wolf u.a. wörtlich in: Brief an Else Wolf vom 15. 11. 1951.In: Wolf. Briefwechsel.a.a.0., S. 149.
68 Friedrich Wolf: Eintrag vom 16. 2. 1952. Kladde. In: FWA/Mappe 168/2.
69 Karl Kleinschmidt: Brief vom 6. Oktober 1953 an Otto Grotewohl, Ministerpräsident der DDR. In: Friedrich-Wolf-Archiv, Mappe 322. – Das von Kleinschmidt angemahnte »Testament« seines Freundes Friedrich Wolf und dessen »Worte ernster Sorge« fanden bei den DDR-Oberen keine Beachtung.
70 Karl Kleinschmidt: In Memoriam (Friedrich Wolf). In: Heute und Morgen. Literarische Monatsschrift. Heft 12/ 1953, S. 736.
71 FWA/Mappe 78: Protokoll der Diskussion um Luther im Film vom 6. 7. 1953.
72 Elie Wiesel: Deutschland ist noch nicht bereit. Interview in: Der Spiegel. Hamburg, Nr. 1/1990, S. 107 f.
73 Bertolt-Brecht-Archiv: »Stalinmappe«, Mappe 95, Blatt 05.
74 Abgedruckt in: Simone Barck/Anneke de Rudder/Beate Schmeichel-Falkenberg: Jahrhundertschicksale. Frauen im sowjetischen Exil. Schriften der Gedenkstätte Deutscher Widerstand. Berlin 2003, S. 47–53.
75 Journal de Moscou. Moskau, 12. 4. 1938.
76 Henning Müller: Interview mit Markus Wolf. März 1988. »Er war mir Vater und Vorbild zugleich«. In: Müller. WER WAR WOLF? A.a.0., S. 18 ff; hier: 33 ff.
77 Henning Müller: »Aus Liebe zu unserem deutschen Volke«. Friedrich Wolf – Exil und Heimkehr. A.a.0., S. 110.
78 Friedrich Wolf: Brief an Margrit Strub in Basel. Sanary-sur-Mer, 14. 8. 1938. In: FWA/Mappe 332. Erstmals zit. in: Henning Müller: »Ich warte nicht, bis man mich hier verhaftet«. Das Moskauer Exil der Familie Friedrich Wolf. 1995. a.a.0., S. 197.

79 Züge der Lotte Rayß gehen bei Wolf später ein in seinen Roman *Zwei an der Grenze* von 1938 (GW, 10) und in *Lilo Herrmann – Die Studentin von Stuttgart. Ein biographisches Poem* von 1950 (GW, 12, 153 ff.).

80 Henning Müller/Konrad Rayß: Lotte Rayß: Geliebt, verbannt und unerwünscht. 17 Jahre in Stalins GULAG.
Berichte vom Überleben in den Abgründen des 20. Jahrhunderts. Lebensroman einer schwäbischen Frau. Berlin 2008. – Die Memoiren der Lotte Rayß sollen demnächst veröffentlicht werden.

81 Reinhard Müller: Menschenfalle Moskau – Exil und stalinistische Verfolgung. Hamburg 2001.

82 Markus Wolf: Die Troika. Geschichte eines nichtgedrehten Films. Nach einer Idee von Konrad Wolf. Berlin (DDR) 1989, S. 40/41.

83 Eva Siao: China – Mein Traum, mein Leben. Bergisch-Gladbach 1990, S. 59.

84 Vgl. u.a. Henning Müller: Ich warte nicht, bis man mich hier verhaftet«. Das Moskauer Exil der Familie Friedrich Wolf. 1995. In: Tel Aviver Jahrbuch für Deutsche Geschichte, Universität Tel Aviv, Jg. XXIV/1995, S.193-216.
Vgl. Henning Müller: Antifaschismus und Stalinismus: Zum Beispiel Friedrich Wolf. Los Angeles/Berlin (West), Dezember 1988. Mehrfachabdruck, u.a. in.: »Wenn wir von gestern reden, sprechen wir über heute und morgen.« Festschrift für Marta Mierendorff/Los Angeles zum 80. Geburtstag. Los Angeles/Berlin (West) 1991, S. 141–157.

85 Vgl. Müller. Das Moskauer Exil der Familie Wolf. A.a.0.
Vgl. auch: Reinhard Müller (Hg.): Die Säuberung. Moskau 1936: Stenogramm einer geschlossenen Parteiversammlung [deutscher Schriftsteller]. Reinbek bei Hamburg 1991.

86 Stenogramm der »Geschlossenen Parteiversammlung der Deutschen Kommission des Sowjetschriftstellerverbandes« vom 4. – 8. September 1936. Drei Konvolute. Moskau 1936, deutsch. Mit russischer Archivpaginierung. Im Besitz des Verfassers.

87 Ebenda, Konvolut vom 8. September 1936, S. 6.

88 Ludwig Marcuse: Mein zwanzigstes Jahrhundert. Auf dem Wege zu einer Autobiographie. München 1960, S. 221.

89 Zit. nach: David Pike: Deutsche Schriftsteller im sowjetischen Exil 1933-1945. Frankfurt am Main 1981, S. 207.

90 Vgl.: Eva Siao: Interview 1986. In: Friedrich Wolf – Bilder einer deutschen Biographie. A.a.0. S. 211. Sinngemäß wiederholt in Eva Siao: China – Mein Traum, mein Leben. A.a.0., S. 59.

91 Vgl. Müller. Das Moskauer Exil der Familie Friedrich Wolf. A.a.0., S. 200 ff.

92 Henning Müller: Antifaschismus und Stalinismus – zum Beispiel Friedrich Wolf. A.a.O.

93 Alfred Kantorowicz: Deutsches Tagebuch. Erster Teil, München 1959, S. 341.

94 Bertolt Brecht: Deutschland. Gedicht. Hier zitiert nach: Henning Müller: Exil-Asyl: Tatort Deutschland. Gerlingen/Württ. 1994, S. 120.

95 Theodor W. Adorno: Erpresste Versöhnung. Zu Georg Lukács' Wider den missverstandenen Realismus, Noten zur Literatur II, Frankfurt am Main 1961. Veröffentlicht auch in Jutta Matzner (Hg.), Lehrstück Lukács, Frankfurt am Main 1974, S. 178 ff.

96 Vgl. Henning Müller: Herbert Bartholmes erinnert sich: »Friedrich Wolf über Stalins Opfer und die Dialektik der Geschichte«. Manuskript, Sommer 1988. Veröffentlicht in: Müller, Wer War Wolf ?, S. 253/254. – Vgl. auch: Dr. Herbert Bartholmes: Meine Begegnungen mit Friedrich Wolf 1947 bis 1949. Neuwied, Dezember 1988. In: Protokollband, a.a.0., S. 285.

97 Friedrich Wolf: Brief vom 21. 7. 1949 an Fred Oelßner, Sekretariat des Politbüros der SED. In: FWA/Mappe 320.

98 Gemeint ist der »Stalin-Nachruf« Friedrich Wolfs in: :Zum Tode J.W. Stalins: Stimmen der Mitglieder der Sektion Dichtkunst und Sprachpflege der Deutschen Akademie der Künste. Hier: Friedrich Wolf. In: Sinn und Form (Chefredakteur: Peter Huchel). Berlin, 5. Jahr/1953/2.Heft, S. 16 f.

99 Heinrich Graf von Einsiedel: Rede auf der Podiumsdiskussion des *Ersten Internationalen Friedrich-Wolf-Symposions* in Neuwied am Rhein am 4. Dezember 1988. In: Protokollband. A..a.0., S. 301 f.

100 Friedrich Wolf: Die Bühne als Heilfaktor. Ein Beitrag zur Katharsistheorie des Aristoteles. Entwurf: ohne Ort, ohne Jahr. In: Friedrich Wolf –. Die Jahre in Stuttgart 1927-1933, a.a.0., S. 382.

101 Ebenda.

102 Vgl.: Emmi Wolf/Klaus Hammer (Hg.): Cyankali. Eine Dokumentation. Berlin (DDR) u. Weimar 1978, S. 124-272.

103 Vgl. Müller: »Der jüdische Arzt und Kommunist Dr. Friedrich Wolf«. Dokumente des Terrors und der Verfolgung 1931-1944. Ein Memorial. A.a.0., S. 10.

104 Wolf/Hammer.Cyankali. a.a.0., S. 278-330).

105 Hans Mayer: Nachwort zur Ausgabe: Friedrich Wolf: Dramen, Berlin (DDR) 1951, S. 369-380; hier: S. 374.

106 Ebenda, S. 375.

107 Vgl. damalige Rezensionen in: Henning Müller: Theater der Restauration. Berlin (West)/Berlin (DDR) 1981, S. 55–65.

108 Friedrich Wolf: Briefwechsel. A.a.0., S. 251.

109 Ebenda

110 Ebenda, S. 253.

111 Ebenda, S. 249.

112 Friedrich Wolf: Brief vom 10.2. 1934. In: Wolf.Briefwechsel, a.a.0., S. 272.

113 Vgl. Müller: Das Moskauer Exil der Familie Friedrich Wolf.a.a.0., S. 194.

114 Vgl. hierzu Frank Stern: »Professor Mannheim« 1934 in Tel Aviv. In: Protokollband. A.a.0., S. 229 ff.

115 Friedrich Wolf: Brief vom 1.7.1933 an The Theatre Union, New York. In: Wolf. Briefwechsel, a.a.0., S. 254.
116 Ebenda, Brief vom 22. 6. 1933. Briefwechsel, S. 252.
117 Friedrich Wolf: *Doktor Mamlocks Ausweg. Ein Schauspiel aus Deutschland 1934*. Moskau, o. J. (1934), 86 Seiten. Hektographiertes Schreibmaschinen-Manuskript (mit zusätzlichem Dokumentenanhang). Hier: S. 50. Bis 1990 sekretiert in: Institut für Marxismus-Leninismus (IML) beim ZK der SED. Heute: SAPMO Bundesarchiv Nachlass 130/66 (Arthur Pieck).
Die Einsicht in diese »jüdische« *Mamlock*-Fassung wurde dem Verfasser als Bürger der Bundesrepublik Deutschland bis zum Ende der DDR verwehrt, obwohl bekannt war, dass er zu jüdischen Traditionslinien bei Friedrich Wolf habilitierte. Der Verfasser konnte daher *Doktor Mamlocks Ausweg* erst im Jahre 1991 entdecken. Ebenso erst nach dem Ende der DDR konnte der Verfasser weitere Materialien zu Wolf im SED-Parteiarchiv (IML) und im Friedrich-Wolf-Archiv der Akademie der Künste der DDR sekretierte Dokumente einsehen.
118 Friedrich Wolf: Doktor Mamlocks Ausweg (1934), a.a.0., S. 39 ff.
119 Friedrich Wolf: Doktor Mamlocks Ausweg. Unveröffentlichtes handschriftliches Manuskript (Mai 1933). A.a.O., Hier: S. 127.
120 Friedrich Wolf: Doktor Mamlocks Ausweg (1934). A.a.0. Dokumentenanhang, S. 146.
121 Ebenda, Dokumentenanhang, S. 147.
122 Vgl. Müller 1, a.a.O., S. 199–202.
123 Erstveröffentlicht in: Müller. »Der jüdische Arzt und Kommunist Dr. Friedrich Wolf«. Dokumente des Terrors und der Verfolgung 1931–1944. (1988). A.a.0., S.37 f.
124 Friedrich Wolf (Moskau): Werter Genosse Stalin. Brief an J.W. Stalin vom 24. Juli Juli 1945. 2 Blatt. *Durchschrift* mit handschriftlichen Bleistiftkorrekturen Wolfs. Erstveröffentlichung in: Henning Müller: WER WAR WOLF? Friedrich Wolf (1888–1953), a.a.O., S. 212 f.
Der Brief wurde abgeschickt. Das bestätigte Markus Wolf Mitte 1988 nach Einsicht in das Original in Moskau.
125 Friedrich Wolf. Brief an Stalin, a.a.O.
126 Private Informationen gegenüber dem Verfasser besagen, dass es Walter Ulbricht war, der 1945 Friedrich Wolfs Namen von der Liste der Heimkehrer nach Deutschland gestrichen hatte.
127 Heinrich Graf von Einsiedel: Private Informationen gegenüber dem Verfasser im November 1996
128 Friedrich Wolf: Weshalb schrieb ich den »Professor Mamlock«? (1946), a.a.O., S. 89 f.
129 Hans Koschnick: Rede zum Festakt anlässlich des 50. Todestages von Friedrich Wolf. A.a.0., S. 14/15.
130 Wolf. Weshalb schrieb ich den »Professor Mamlock«? A.a.0.

131 Gustav Regler: Das Ohr des Malchus. Eine Lebensgeschichte (1956). Köln 1958. Hier: Ausgabe 1998, S. 480.

132 Friedrich Wolf: Der Auftrag des Schriftstellers. Diskussion zur *Beaumarchais*. (1950) In: GW, Band 16, S. 313.

133 Zitiert in: »Ich weiß oft nicht mehr, wer ich bin«. Friedrich Wolf: Schriftsteller, Arzt, Politiker. Feature von Sigrid Wesener. DeutschlandRadio Berlin, 7. 10. 2003, 19:05 – 20:00 Uhr.

134 Vgl. Frances Stonor Saunders: Wer die Zeche zahlt ... Der CIA und die Kultur im Kalten Krieg. Berlin 2001.

135 Arthur Koestler: Sonnenfinsternis. 1941 (*Darkness at Noon*). Deutsch 1948 als: Sonnenfinsternis. Roman. Hier zitiert nach: Rückübertragung aus dem Englischen von Arthur Koestler, mit einem Nachwort des Autors. Neuausgabe, Hamburg 2000.

136 Vgl. Katharina Iskandar: Schuldbekenntnis. Arthur Koestlers Roman »Sonnenfinsternis« stellt die Frage nach politischer Moral. In: literaturkritik.de, Nr. 6/Juni 2001, 3 Seiten.

137 Arthur Koestler.Sonnenfinsternis, a.a.O., S. 93 [Koestler zitiert hier: Dietrich von Nieheim aus dem Jahre1411: Über die Art, auf einem allgemeinen Konzil die Kirche zu einigen und zu reformieren].

138 dpa, 8. 10. 1953: Selbstmord Friedrich Wolfs. – In dieser Grundmeldung wird die Selbstmordthese »nach Informationen aus dem Bekanntenkreis« Friedrich Wolfs erhoben, die das Berliner Büro des »Kongresses für Freiheit der Kultur« erreicht hätten: »Es herrsche in der näheren Umgebung von Friedrich Wolf kein Zweifel, daß er Selbstmord begangen habe. (...) Vor ungefähr drei Wochen habe der Sowjetzonen-Staatssicherheitsdienst in der Wohnung von Friedrich Wolf eine Haussuchung vorgenommen.«

139 Bild-Zeitung, Hamburg, 10. 10. 1953: »Zyankali-Dichter starb durch Zyankali«. Vgl. auch: FWA/Mappe 374.

140 Die Neue Zeitung, Berlin (West), 9. 10. 1953: Der letzte Ausweg.

141 BRAUNBUCH über Reichstagsbrand und Hitlerterror. Basel 1933. Faksimile-Nachdruck der Originalausgabe. Frankfurt am Main 1978.

142 BBC: Monitoring Report of *last statement by Otto Katz* at the Slansky-Clementis trial. London 1952.

143 Prominenteste Opfer der antijüdischen Kampagne waren Dr. Leo Zuckermann, Staatssekretär und Leiter der Präsidialkanzlei beim DDR-Präsidenten Wilhelm Pieck, und das Mitglied des Politbüros der SED, Paul Merker. Paul Merker wurde von seinen Vernehmern als »König der Juden« beschimpft und 1955 in einem Geheimprozess zu acht Jahren Zuchthaus verurteilt. Leo Zuckermann konnte die DDR verlassen. Vgl.: Andreas Weigelt: »Die Politik hat sich geändert und ich stehe jetzt als jüdischer Nationalist da«. Leo Zuckermann (1908-1985). In: Andreas Weigelt/Hermann Simon (Hg.): Zwischen Bleiben und Gehen – Juden in

Ostdeutschland 1945 bis 1956. Zehn Biographien. Begleitbuch zur gleichnamigen Ausstellung im Centrum Judaicum. Berlin 2008, S. 209 ff., besonders: S. 238.

144 Markus Wolf: »Ich bin kein Spion«. Gespräche mit Irene Runge/Uwe Stelbrink. Berlin 1990, S. 31 f. – Gemeint ist: J.W. Stalin: Der Marxismus und die Fragen der Sprachwissenschaft (1950). In: Stalin. Werke. Band 17: 1945-1952. Hamburg 1973, S. 192 ff.

145 Auskunft von Dr. Falk Harnack. In: Interview mit Henning Müller. Berlin 1988 (unveröffentlicht).

146 Vgl. Hans Müncheberg. Friedrich Wolf und das Fernsehen (2003). A.a.o., S. 169: Der aus der Moskauer Emigration heimgekehrte DEFA-Hauptdirektor Hans Rodenberg war es, der den NAPOLA-Zögling Müncheberg 1952 als »unverbesserlichen Faschisten« bezeichnete, »den man 1945 hätte erschießen müssen«.

147 Friedrich Wolf: Eintrag in Kladde. In: FWA/Mappe 322.

148 »Bios Bahnhof«. TV-Sendung mit Alfred Biolek. ARD, 2. 10. 1991.

149 Vgl.: Henning Müller: Brief an Willy Brandt vom 10. 10. 1991.

150 Willy Brandt: Antwortbrief vom 8. 11. 1991 an: Oberbürgermeister der Stadt Neuwied und an Henning Müller.

151 Friedrich Wolf: Briefe. Eine Auswahl. Berlin (DDR)/Weimar 1969, S. 220 ff; hier: S. 221.

152 Friedrich Wolf. Briefwechsel. Eine Auswahl. A.a.0., S. 228.

153 Friedrich Wolf. Briefe. Eine Auswahl. A.a.0., S. 224.

154 Erwin Piscator: The work of Friedrich Wolf. In: New Masses, New York 11.6.1935, S. 2325; deutsch in Erwin Piscator, Theater-Film-Politik. Ausgewählte Schriften, Berlin 1980, S. 144, 145, 153.

155 Vgl. Friedrich Wolf: Brief an Otto Grotewohl, 20. 4.1950.

156 Friedrich Wolf. Briefwechsel. A.a.0., S. 168.

157 Alfred Kantorowicz: Deutsches Tagebuch. Erster Teil, München 1959, a.a.0., S. 28.

158 Vgl. *»Mut, nochmals Mut, immerzu Mut!«* Friedrich Wolf: PROFESSOR MAMLOCK. Fotos und Dokumente zum Schicksal des Stücks und seines Autors in den Jahren 1933-1945. A.a.O.

159 Vgl. Müller. WER WAR WOLF? A.a.0., S. 245.

160 Max Burghardt: Der heroische Lebensweg eines deutschen Dramatikers. In: Tägliche Rundschau, 9. 10. 1953.

161 Werner Mittenzwei: Die Intellektuellen. Literatur und Politik in Ostdeutschland von 1945 bis 2000. Leipzig 2001, S. 82 f.

162 Hans Koschnick: Friedrich Wolf – Zum Umgang mit einem antifaschistischen Erbe. Referat auf dem Internationalen Wissenschaftlichen Friedrich-Wolf-Symposion in Neuwied (1988). In: Protokollband. A.a.0., S. 30.

163 Hans Koschnick: Rede zum Festakt anlässlich des 50. Todestages von Friedrich Wolf. Berlin, 1. Oktober 2003. a.a.0., Redemanuskript, S. 23.

164 Walter Jens: »In heiligem Zorn« (1994). Schreiben an die Stadtverwaltung Neuwied zum Andenken an Friedrich Wolf. A.a.0., S. 4.

165 Am bekanntesten ist *Die Weihnachtsgans Auguste*, die oft aufgeführt wird und auch verfilmt wurde.

166 Friedrich Wolf: Brief vom 24. 10. 1944 an Konrad Wolf (zu dessem 19. Geburtstag) Abgedruckt in: Müller. WER WAR WOLF? A.a.0., S. 45.

167 Friedrich Wolf: Wissen und Charakter. Rede zu einer Schulentlassung am 23. 7. 1949. Konspekt, 3 Seiten. In: FWA/Mappe 148/2. Hier: S. 1.

Lebens- und Werkdaten

1888 Am 23.12. kommt Friedrich Wolf in Neuwied als einziges Kind der jüdischen Kaufmannsfamilie »*Meir*« genannt Max Wolf und der Ida Wolf (geb. Meyer) zur Welt

1894 Beginn des Besuchs der Jüdischen Volksschule Neuwied

1899 Beginn des Besuchs des Königlich Preußischen Gymnasiums zu Neuwied, erste Gedichte

1907 Abitur in Neuwied, Militärdienst in Heidelberg, Beginn des Studiums der Medizin (Tübingen, Bonn, Berlin), der Philosophie (Bonn, Berlin) und der Kunstgeschichte (München, Berlin)

1908 Fußwanderung durch Italien, Beginn der Mitarbeit bei der *Jugend* und beim *Simplicissimus*

1912 Dissertation *Die multiple Sklerose im Kindesalter*, Assistenzarzt in Meißen und Dresden

1913 Promotion zum Dr.med.

1914 Schiffsarzt auf einem Ozeandampfer des Norddeutschen Lloyd (Kanada und USA); heiratet Käthe Gumpold, mit der er zwei Kinder bekommt: Johanna (geb. 1915) und Lukas (geb. 1919)
Nach Beginn des 1.Weltkriegs: Truppenarzt an die Westfront, Auszeichnung mit dem EK 1

1916 Beginn der entschiedenen Kriegsgegnerschaft nach schweren persönlichen Erlebnissen

1917 An der Front entstehen die Erzählung *Der Sprung durch den Tod* und das Drama *Mohammed*

1918 Lazarettarzt in Arnsdorf und Dresden, Kriegsdienstverweigerung, Mitglied des Zentralen Arbeiter- und Soldatenrates Sachsens

1919 Sein Drama *Das bist du* wird im Dresdener Staatstheater uraufgeführt, *Der Unbedingte* entsteht

1920 Stadtarzt in Remscheid, Teilnahme am Ruhrkampf gegen den Kapp-Putsch

1921 Teilnahme an der kommunistischen Künstler-Gemeinschaftssiedlung *Barkenhoff* in Worpswede bei Bremen, auf der Künstlerkolonie Barkenhoff entsteht das Drama *Tamar*

1922 Trennung von Käthe Gumpold, heiratet in zweiter Ehe die Remscheider Kindergärtnerin Else Dreibholz, mit der er zwei Kinder bekommt: Markus (geb. 1923) und Konrad (geb. 1925); Landarzt in Hechingen, lernt das schwere Leben der Bauern auf der Rauen Alb kennen

1923 In Hechingen entsteht das Bauernkriegsdrama *Der Arme Konrad*, das ihn bekannt macht

1924 *Das Heldenepos des Alten Bundes* beendet

1925 *Die Natur als Arzt und Helfer. Das neue naturärztliche Hausbuch*, Roman Kreatur

1927 Übersiedlung nach Stuttgart, dort bis 1933 Arztpraxis

1928 Beitritt zur KPD, Arbeit im Arbeiter-Theaterbund, Rede und Broschüre *Kunst ist Waffe*

1929 Drama *Cyankali. § 218*, das ihn in ganz Europa bekanntmacht

1930 Dramen *Die Matrosen von Cattaro* und *Tai Yang erwacht*

1931 Verhaftung wegen angeblicher »gewerbsmäßiger Abtreibung«, Massenproteste bewirken seine Freilassung aus der Haft und die Niederschlagung der Anklage

1933 Nach dem Reichstagsbrand entgeht er der Verhaftung durch die Nazis durch die Flucht, zunächst nach Österreich, dann in die Schweiz und nach Frankreich; in wenigen Monaten entsteht das Drama *Professor Mamlock*, das bis 1945 überall auf den Bühnen der nichtfaschistischen Welt gespielt wird und als Film (russisch) seit 1938 weltweit Sprachsynchronisationen erfährt

1934 Übersiedlung der Familie nach Moskau; Geburt der Tochter Lena (Mutter: Lotte Rayß) in Basel

1935 Rede auf dem Ersten Amerikanischen Schriftstellerkongress in New York; am 11. Juni 1935: Ausbürgerung aus der deutschen Staatsangehörigkeit durch das NS-Innenministerium

1936 Vortragsreise in die skandinavischen Staaten, Bekanntschaft u.a. mit Willy Brandt

1937 Leningrader Behörden nehmen *Die Matrosen von Cattaro* als »defätistisch, antirevolutionär« vom Spielplan; Ende 1937 entgeht er der drohenden Verhaftung in Moskau durch die Ausreise nach Frankreich mit noch gültigem deutschen Reisepass

1938 Versuch, von Frankreich nach Spanien zu gelangen, um in den *Internationalen Brigaden* als Arzt zu wirken, scheitert; in Sanary-sur-Mer Abschluss des Romans *Zwei an der Grenze* und des Dramas *Das Schiff auf der Donau*, Filmtreatments für die USA wie *Der Soldat Gottes* (über Martin Niemöller) und *The forgotten ship* (über ein Flüchtlingsschiff) scheitern in Hollywood

1939 Verhaftung bei Beginn des 2. Weltkriegs als staatenloser »gefährliche Ausländer«, 1939–1941: Internierung in verschiedenen Lagern in Frankreich, u.a. im KZ Le Vernet

1940 Geburt der Tochter Kati am 13.5. 1940 in Sanary-sur-Mer(Mutter: Ruth Hermann); im KZ Le Vernet entsteht das Drama *Beaumarchais oder Die Geburt des »Figaro«*

1941 Kommt mit Hilfe des Dramatikers Wischnewski nach Erhalt der Staatsbürgerschaft der UdSSR aus Le Vernet frei, Rückkehr nach Moskau im März; 1941-1945: Teilnahme am 2. Weltkrieg auf sowjetischer Seite als Propagandist an der Front und als Lehrer in Kriegsgefangenenlagern

1943 Im Juli Mitbegründer des Nationalkomitees Freies Deutschland

1944 Novelle *Heimkehr der Söhne* und Drama *Dr. Lilli Wanner*

1945 Drama *Was der Mensch säet*, Rückkehr nach Deutschland im September nach über 12 Jahren Exil. In Berlin kulturpolitisch tätig: u.a. Theater, Volksbühnenbewegung, Schriftstellerverband, Kulturbund zur demokratischen Erneuerung Deutschlands

1946 Mitbegründer der DEFA, Uraufführung des *Professor Mamlock* auf deutschem Boden

1947 Dramen *Wie Tiere des Waldes* und *Die letzte Probe, Märchen für große und kleine Kinder*

1948 Mitbegründer des neuen »PEN-Zentrums Deutschland«, Übersiedlung aus Berlin nach Lehnitz

1949 Film *Der Rat der Götter*

1950 Komödie *Bürgermeister Anna*; auf Wunsch der Polen und Wilhelm Piecks tritt er im Februar sein Amt als Botschafter in Polen an, lässt sich aber im Juni 1951 auf eigenen Wunsch wieder von diesem Amt entbinden

1952 *Menetekel* (Roman) Schauspiel *Thomas Münzer. Der Mann mit der Regenbogenfahne*

1953 Geburt des Sohne Thomas (Mutter: Irmgard Schaaf) am 15. Juni in Dresden; *Thomas Müntzer* (Filmszenarium); 1. Oktober: Rede *Meisterschaft und Volkstümlichkeit* zum 125jährigen Bestehen des Reclam-Verlages in Leipzig. Am 5. Oktober stirbt Friedrich Wolf nach mehreren Herzinfarkten in seinem Arbeitszimmer in Lehnitz bei Oranienburg an Herzmuskelriss

Literatur und AV-Medien (Auswahl)

Werke von Friedrich Wolf

Gesammelte Werke in sechzehn Bänden. Hg.: Else Wolf und Walther Pollatschek. Berlin und Weimar 1960 bis 1968.

Briefe. Eine Auswahl. Hg.: Else Wolf und Walther Pollatschek. Berlin 1958.

Briefe. Eine Auswahl. Hg.: Else Wolf und Walther Pollatschek. Berlin und Weimar 1969.

Briefwechsel. Eine Auswahl. Hg.: Else Wolf und Walther Pollatschek. Berlin und Weimar 1968.

Bürgermeister Anna (1950). Spielfilm. Regie: Hans Müller. DEFA-Film. DDR 1950.

Cyankali (1929). Spielfilm. Regie: Hans Tintner. Atlantis-Film. Berlin 1930.

Cyankali. Spielfilm. Regie: Jurij Kramer. Fernsehfunk der DDR/DDR 1. Berlin 1977.

Das Heldenepos des Alten Bundes. Aufgespürt und in deutschen Worten von Friedrich Wolf. Stuttgart/Berlin/Leipzig 1925.

Der Rat der Götter (1949). Spielfilm. Regie: Kurt Maetzig. DEFA-Film. DDR 1950.

Die Matrosen von Cattaro (1930). Spielfilm DDR/Jugoslawien. Regie: Fritz Bornemann. Fernsehfunk der DDR. Berlin 1979.

Die Natur als Arzt und Helfer. Das neue naturärztliche Hausbuch. Mit 455 Abbildungen u. 8 Farbtafeln, Stuttgart, Berlin, Leipzig 1928. Reprint: Halle/Leipzig 1988.

Die Weihnachtsgans Auguste (1951/1952). Auch als: Film für Kinder (Regie: Bodo Fürneisen, Fernsehfunk der DDR 1988) und als CD-Lesung (mit Dieter Mann). Audio Verlag. Berlin 2003.

Doktor Mamlocks Ausweg (1934). Ein Schauspiel aus Deutschland 1934. 86 Seiten. Moskau, o.J. Hektographiertes Schreibmaschinen-Manuskript, mit zusätzlichem Dokumentenanhang.

Lucie und der Angler von Paris (1944). Ein Fernsehfilm von Hans Müncheberg. Regie: Kurt Jung-Alsen. Fernsehfunk der DDR. Berlin 1963.

Märchen und Tiergeschichten für große und kleine Kinder. Berlin und Weimar 1988.

Pit Pikus und die Möwe Leila (1944/45). Hörbuch für Kinder. Audio Verlag. Berlin 2008.

Professor Mamlock (1933). Schauspiel. www.friedrichwolf.de/index.php?textauswahl. Online.

Professor Mamlock. Lenfilm. Regie Herbert Rappaport/Adolf Minkin. Moskau 1938 (russisch).

Professor Mamlock. Spielfilm. Regie: Konrad Wolf. DEFA-Film. DDR 1961.

Professor Mamlock. Hörspiel. Berliner Rundfunk. Buch und Regie: Friedrich Wolf. Berlin 1946.

Professor Mamlock. Reclams Universal-Bibliothek. Leipzig 1958 ff. – Reclam, Stuttgart 1980 ff.
Redebeiträge Friedrich Wolfs (1936): Stenogramm der Geschlossenen Parteiversammlung der deutschen Kommission des Sowjetschriftstellerverbandes. Moskau 4. bis 8. 9. 1936.Drei Konvolute (deutsch). In: Institut für Theorie und Geschichte des Sozialismus, Moskau.
Thomas Müntzer (1953). Spielfilm: *Thomas Müntzer – Ein Film deutscher Geschichte* (Martin Hellberg: Regie und Drehbuch). DEFA-Film. DDR 1956.

Forschungsliteratur und Dokumentationen

Friedrich-Wolf-Archiv Lehnitz/VHS Neuwied/Henning Müller (Hg.): *Mut, nochmals Mut, immerzu Mut!* Protokollband Internationales Wissenschaftliches Friedrich-Wolf-Symposion 1988 in Neuwied am Rhein. Neuwied 1990.
Friedrich-Wolf-Gesellschaft (Hg.): Friedrich Wolf 2003. Zum 50. Todestag Friedrich Wolfs. Beiträge zu den Friedrich-Wolf-Kulturtagen 2003. Lehnitz.
Lew Hohmann (Hg): Friedrich Wolf. Bilder einer deutschen Biographie. Dokumentation. Berlin 1988.
Lew Hohmann (u.a.): *Verzeiht, daß ich ein Mensch bin.* Friedrich Wolf. Fragen an seine Kinder. Erinnerungen von Zeitgenossen. DEFA-Studio für Dokumentarfilme. Berlin 1988.
Werner Jehser: Friedrich Wolf. Leben und Werk. Berlin 1977.
Roland R. Knapp (Hg.): *PROFESSOR MAMLOCK* und das Schicksal seines Autors FRIEDRICH WOLF. Eine Ausstellung der Friedrich-Wolf-Gesellschaft, Konzeption: Henning Müller. Begleitbroschüre Neuwied/Lehnitz 1995.
Kulturamt Stuttgart (Hg.): Friedrich Wolf: Die Jahre in Stuttgart 1927 – 1933, Ein Beispiel. Ausstellungskatalog (Text- u. Bildauswahl. Michael Kienzle, Dirk Mende), Stuttgart 1983.
Hans Mayer: Nachwort. In: Friedrich Wolf: Dramen. Berlin 1951, S. 369 – 380.
Henning Müller: Theater der Restauration. Berlin (West) /Berlin (DDR) 1981, S. 55 – 65.
Henning Müller: Friedrich Wolf – Weltbürger aus Neuwied. Neuwied am Rhein, März 1988.
Henning Müller: WER WAR WOLF? Friedrich Wolf (1888 – 1953) in Selbstzeugnissen, Bilddokumenten und Erinnerungen. Köln, November 1988.
Henning Müller: *Der jüdische Arzt und Kommunist Dr. Friedrich Wolf.* Dokumente des Terrors und der Verfolgung 1931 – 1944. Ein Memorial anläßlich der 50. Wiederkehr der Reichspogromnacht vom 9. November 1938. Neuwied 1988.
Henning Müller: *Ich warte nicht, bis man mich hier verhaftet.* Das Moskauer Exil der Familie Friedrich Wolf. In: Tel Aviver Jahrbuch für Deutsche Geschichte 1995. Tel Aviv/Gerlingen 1995, S. 193-216.

Henning Müller: *Ist es, weil ich Jude bin?* Jüdische Traditionslinien bei Friedrich Wolf (1998). Symposionsbeitrag. Friedrich-Wolf-Kulturtage in Neuwied. www.friedrich-wolf.de/index.php?aid=26. Online.
Henning Müller: *Das Allerheiligste ist der Mensch!* Friedrich Wolf – Weltbürger aus Neuwied. Eine kritisch-solidarische Würdigung anlässlich des 50. Todestages des Dichters 2003 [Sonderdruck]. Neuwied 2004.
Walther Pollatschek: Friedrich Wolf. Eine Biographie, Berlin 1963.
Emmi Wolf/Klaus Hammer (Hg.): Cyankali. Eine Dokumentation, Berlin u. Weimar 1978.
Emmi Wolf/Brigitte Struzyk (Hg.): *Auf wieviel Pferden ich geritten.* Der junge Friedrich Wolf. Eine Dokumentation. Berlin und Weimar 1988.

Henning Müller
Freier Autor, promovierter und habilitierter Literaturwissenschaftler. Geboren 1943 in Magdeburg. Umsiedlung nach Hannover 1950. Studium in Hamburg, Köln und Berlin. Promotion zum Dr. phil. an der Freien Universität Berlin. Lebt seit 1968 in Berlin. Buchveröffentlichungen; u. a.: Theater der Restauration (1981), Friedrich Wolf – Weltbürger aus Neuwied (1988), Wer war Wolf? (1988), *Der jüdische Arzt und Kommunist Dr. Friedrich Wolf.* Dokumente des Terrors und der Verfolgung 1931–1944. Ein Memorial (9. November 1988), EXIL – ASYL: Tatort Deutschland. Texte von 1933 bis heute (1994), Autorenportrait Friedrich Wolf. In: Deutsche Dramatiker des 20. Jahrhunderts (2000), *Das Allerheiligste ist der Mensch!* Friedrich Wolf – Weltbürger aus Neuwied (2004).
Der Autor forscht seit fast 40 Jahren über Friedrich Wolf. Zu dessen 100. Geburtstag konzipierte und realisierte er 1988 im Schloss Neuwied die Ausstellung *Friedrich Wolf: Professor Mamlock.* Ende 1988 war er Leiter des Internationalen Wissenschaftlichen Friedrich-Wolf-Symposions in Neuwied. 2003 hielt er im Schloss Neuwied-Engers die Gedenkrede anlässlich des 50. Todestages von Wolf.

Abbildungsnachweis
Akademie der Künste der DDR/Friedrich-Wolf-Archiv – Frontispiz, Seiten 9, 83
Bildarchiv Henning Müller – Seiten 4, 13, 37, 47, 78, 89
Bildarchiv Thomas Naumann – Seite 95

Herausgegeben von Hermann Simon

Jüdische Miniaturen
Spektrum jüdischen Lebens

In einem Nachruf auf Jurek Becker (1937–1997) hieß es: »Er war ein Mensch, den man streicheln mochte; er war ein Schriftsteller, dessen Texte man lieben konnte; er war ein Aufrechter, dessen Haltung man bewundern durfte.«
Seine Kindheit verbrachte er im 1939 errichteten Ghetto von Lodz und in den Konzentrationslagern Ravensbrück und Sachsenhausen. Mit dem Vater kam er 1945 nach Berlin, musste hier mühsam die deutsche Sprache lernen und sich als Jude im Nachkriegsdeutschland zurechtfinden. Er studierte Philosophie, wurde aus politischen Gründen exmatrikuliert und lebte als Drehbuchschreiber, zunehmend anerkannter Romanschriftsteller und Kabarett-Autor bis 1977 in Ost-Berlin. Für den Kinofilm nach seinem Roman »Jakob der Lügner« errang die Filmproduktion der DDR ihre einzige Oscar-Nominierung.
Er schrieb dann auch für den bundesdeutschen Kulturbetrieb mit viel Witz und Herzensbildung 27 Folgen der wohl beliebtesten Fernsehserie »Liebling Kreuzberg«.

Band 12

Moses Mendelssohn	Band 1	ISBN 3-933471-45-1
Walther Rathenau	Band 2	ISBN 3-933471-44-3
Max Liebermann	Band 3	ISBN 3-933471-47-8
Regina Jonas	Band 4	ISBN 3-933471-48-6
Ernst Lubitsch	Band 5	ISBN 3-933471-54-0
Theodor Herzl	Band 6	ISBN 3-933471-55-9
Jüdische Feiertage	Band 7	ISBN 3-933471-56-7
Leben im Judentum	Band 8	ISBN 3-933471-60-5
Victor Klemperer	Band 9	ISBN 3-933471-59-1
Theodor Wolff	Band 10	ISBN 3-933471-62-1
Glückel v. Hameln	Band 11	ISBN 3-933471-61-3
Jurek Becker	Band 12	ISBN 3-933471-57-5
Oscar Tietz	Band 13	ISBN 3-933471-67-2
Anna Seghers	Band 14	ISBN 3-933471-68-0
Magnus Hirschfeld	***Band 15	ISBN 3-933471-69-9
Heinz Galinski	Band 16	ISBN 3-933471-70-2
Synagoge Rykestr.	Band 17	ISBN 3-933471-71-0
Syn.Rykestr.Sonder.	Band 17A	978-3-938485-88-0
Billy Wilder	Band 18	ISBN 3-933471-72-9
Hans Rosenthal	Band 19	ISBN 3-933471-73-7
Dresdner Synag.	Band 20	ISBN 3-933471-74-5
Albert Ballin	Band 21	ISBN 3-933471-75-3
Еврейские праздники	Band 22	ISBN 3-933471-77-X
Jenny Hirsch	Band 23	ISBN 3-933471-81-8
Rahel Hirsch	Band 24	ISBN 3-933471-82-6

Band 68

Herausgegeben von Hermann Simon

Jüdische Miniaturen
Spektrum jüdischen Lebens

Albert Einstein	***Band 25	ISBN 3-933471-83-4
Siegfried Marcus	Band 26	ISBN 3-933471-84-2
Еврейские традиции	Band 27	ISBN 3-933471-85-0
Alfred Dreyfus	Band 28	ISBN 3-933471-86-9
Mausche mi-Dessau	Band 29	ISBN 3-933471-87-7
Selma Stern	Band 30	ISBN 3-938485-07-5
Synagoge zu Görlitz	Band 31	ISBN 3-938485-09-4
Adolf Jandorf	*Band 32	ISBN 3-938485-10-8
Berliner/Kolmar/Arendt	Band 33	ISBN 3-938485-12-4
Charlotte Wolff	Band 34	ISBN 3-938485-13-2
Moritz Katzenstein	Band 35	ISBN 3-938485-14-0
Heinrich Heine	Band 36	ISBN 3-938485-15-9
Sigmund Freud	**Band 37	ISBN 3-938485-16-7
Jüd. Friedhof Weißensee	**Band 38	ISBN 3-938485-17-5
Joseph Wulf	Band 39	ISBN 3-938485-18-3
Synagoge Fraenkelufer	Band 40	9 78-3-941450-00-4
Alexander Beer	Band 41	ISBN 3-938485-20-5
Leo Kufelnizky	Band 42	ISBN 3-938485-21-3
Siegmund Breitbart	*Band 43	ISBN 3-938485-22-1
Berl. Neue Synag.	Band 44	978-3-938485-23-1
Abraham Geiger	Band 45	ISBN 3-938485-27-2
Helene Weigel	*Band 46	ISBN 3-938485-29-9
Fritz Kortner	Band 47	978-3-938485-31-6
Alfred Hahn	Band 48	ISBN 3-938485-30-2
Emil Bernhard Cohn	Band 49	ISBN 3-938485-32-9

Egon Erwin Kisch (1885–1948) erlebt als junger Prager Journalist und als österreichischer Soldat im Ersten Weltkrieg den Zusammenbruch des österreichisch-ungarischen Weltreiches. Er bewegt sich im Kreis der deutsch schreibenden Prager Juden und der Boheme im legendären Berliner Romanischen Café. Seine weltbekannten Reportagen von fast allen Brennpunkten seiner Zeit sind sehr viel mehr als nur Erlebnisberichte auf fünf Kontinenten, sie sind Zeugnisse seiner kämpferischen Teilnahme am Weltgeschehen, gegen den aufkommenden Nationalsozialismus in Deutschland, für die Demokratie an der Seite der Internationalen Brigaden im Spanischen Bürgerkrieg.
Es ist überliefert, der Rasende Reporter soll auf die Frage, wie er sein bewegtes und abenteuerliches Leben überhaupt bewältigen konnte, geantwortet haben: *Ich stamme aus Prag, ich bin Tscheche, ich bin Deutscher, ich bin Jude, ich bin Kommunist, ich komme aus einem guten Haus – irgend etwas davon hat mir immer geholfen.*

Am 19. November 1900 wurde die Schriftstellerin Anna Seghers mit dem Namen Netti Reiling als einziges Kind orthodoxer Juden in Mainz geboren. Als junge Frau verließ sie ihr Elternhaus und ging zum Studium nach Heidelberg, wo sie Kunstwissenschaft, Geschichte und Sinologie studierte und mit dem Marxismus vertraut wurde. Anna Seghers hat 83 Jahre lang dieses extreme Jahrhundert durchlebt. Sie ist ebenso Zeitzeugin wie Mitgestalterin, vor allem aber große Erzählerin. Das umfangreiche Werk der bekennenden Aufklärerin, der Realistin mit Sinn für das Phantastische, umfasst Novellen, Erzählungen, Romane und Aufsätze sowie einen noch längst nicht gehobenen Schatz von Briefen.
Als Jüdin und Kommunistin musste sie 1933 Deutschland verlassen. Sie lebte 14 Jahre in der Emigration und kehrte 1947 aus dem Exil nach Deutschland zurück. Von 1952 bis 1972 war sie Präsidentin des Schriftstellerverbandes der DDR und Mitglied des PEN.

Band 14

Herausgegeben von Hermann Simon

Jüdische Miniaturen
Spektrum jüdischen Lebens

Die Schauspielerin Helene Weigel (1900–1971) hat sich mit ihrem schmalen Gesicht, ihrer zierlichen Gestalt, mit ihrem Reichtum an sprachlichen und gestischen Darstellungsmöglichkeiten, vor allem mit der Färbung ihrer Stimme tief eingeprägt in das Theatergedächtnis des zwanzigsten Jahrhunderts.

Die Wiener Jüdin aus bürgerlichem Haus erzwang sich als Neunzehnjährige das Vorsprechen und zog über Frankfurt/Main nach Berlin. Dort eroberte sie die Aufmerksamkeit der Kritiker. Sie war schon vor der Ehe mit dem Dramatiker Bertolt Brecht im Berlin der zwanziger Jahre eine Berühmtheit. Mit Brecht wurde sie zur Interpretin des Epischen Theaters. Als Jüdin und als linke Schauspielerin, die auf Arbeiterbühnen »Wiegenlieder« sang, als »die Mutter« aus Brechts gleichnamigem Lehrstück musste Helene Weigel 1933 Deutschland verlassen. Erst nach fünfzehn Jahren Exil in verschiedenen Ländern von Dänemark über Schweden, Finnland, USA kehrte sie gemeinsam mit Brecht zurück.

Band 46

Wissenschaft d. Judent.	Band 50	ISBN 3-938485-19-1
Julius Hirsch	Band 51	978-3-938485-33-0
Jacques Joseph	Band 52	ISBN 3-938485-34-5
Moritz Steinschneider	Band 53	978-3-938485-35-4
Jüdische Kassenärzte	Band 54	ISBN 3-938485-36-1
Paul Mühsam	Band 55	ISBN 3-938485-37-X
Fritz Mauthner	Band 56	ISBN 3-938485-38-8
Iwan Bloch	Band 57	ISBN 3-938485-41-8
Geboren in Shanghai	Band 58	ISBN 978-3-938485-44-2
Isidor Mamlock	Band 59	ISBN 978-3-938485-49-1
Jacob Moser	Band 60	ISBN 978-3-938485-52-1
Bernhard Weiß	Band 61	ISBN 978-3-938485-54-5
Stadttempel Wien	Band 62	ISBN 978-3-938485-55-2
Agathe Lasch	**Band 63	ISBN 978-3-938485-56-9
Kurt Tucholsky	**Band 64	ISBN 978-3-938485-57-6
Eugen Panofsky	Band 65	ISBN 978-3-938485-60-6
Bilder m. Berl. Jug. ***	Band 66	ISBN 978-3-938485-68-2
Dr. med. Else Weil	Band 67	ISBN 978-3-938485-69-9
Egon Erwin Kisch *	Band 68	ISBN 978-3-938485-72-9
David Friedmann	Band 69	ISBN 978-3-938485-77-4
Jüd. Familienrezepte	Band 70	ISBN 978-3-938485-81-1
Louis Traube *	Band 71	ISBN 978-3-938485-78-1
Dr. Hugo Neumann	Band 72	ISBN 978-3-938485-79-8
Dr. Martha Wygodzinski	Band 73	ISBN 978-3-938485-80-4
Fritz Wisten **	Band 74	ISBN 978-3-938485-85-9
Leo Baeck **	Band 75	ISBN 978-3-938485-84-2
Joseph Schweig	Band 76	ISBN 978-3-938485-87-3
Arno Nadel	Band 77	ISBN 978-3-938485-89-7
Friedrich Wolf ***	Band 78	ISBN 978-3-938485-90-3
Syn. »Beth Zion« *	Band 79	ISBN 978-3-938485-93-4
Ernst Ludwig Ehrlich	Band 80	ISBN 978-3-938485-94-1
Oskar Tietz (poln.)	Band 81	ISBN 978-3-938485-95-8
Daniel Sanders	Band 82	ISBN 978-3-938485-99-6

Standardausgabe bis 64 Seiten, € 5,90,
bis *80 Seiten € 6,90,
bis **96 Seiten € 7,80,
bis ***128 Seiten € 9,90

Zu beziehen im Buchhandel,
auch im Abonnement erhältlich

Herausgegeben von Hermann Simon

Jüdische Miniaturen
Spektrum jüdischen Lebens

Der Schauspieler Fritz Wisten, 1890 in Wien geboren, hatte 1933 seine glanzvolle Karriere am Stuttgarter Landestheater schon hinter sich. Nach der Vertreibung der Juden aus den deutschen Theatern bot nur noch der Jüdische Kulturbund eine Beschäftigungsmöglichkeit. Fritz Wisten, unbestritten einer der herausragendsten Kräfte dieses Theaters, stieg bald zum Spielleiter und schließlich, nach dem Novemberpogrom 1938, auch zum künstlerischen Leiter des Jüdischen Kulturbundes auf. Nach der endgültigen Schließung des Kulturbundes 1941 überlebte Fritz Wisten nur durch die engagierte Hilfe seiner nichtjüdischen Frau Trude. Auch die Töchter Susanne und Eva und sogar Alfred Balthoff, ein untergetauchter Schauspieler des Ensembles, überstanden das Terrorregime. 1946 wurde er Intendant des Theaters am Schiffbauerdamm und als Bertolt Brecht dort mit seinem Berliner Ensemble einzog, übernahm Fritz Wisten mit seinem Theater die Volksbühne am Rosa-Luxemburg-Platz.

Band 74

Hentrich & Hentrich
Teetz/Berlin
Ganzer Straße 10
16866 Teetz

Büro Berlin:
Albrechtstraße 111
12167 Berlin
Tel. 030/79 79 81 71
Fax 030/79 01 65 53

e-Mail
HentrichHentrich2@gmx.com

Internet
www.hentrichhentrich.de

In Wien 1892 geboren ging Fritz Kortner den Weg vom Hofschauspieler in Mannheim zum Prototypen des expressionistischen und republikanischen Schauspielers, dessen Sprachkraft und schöpferische Ausdrucksphantasie auf der Bühne und im Film den künftigen Regisseur schon ahnen ließen.

Dem Autor dieser MINIATUR gelingt es, der erstaunlichen Rollenvielfalt Kortners in den verschiedenen Theatern Berlins die außerordentlichen darstellerischen Leistungen in den späten Stummfilmen und beim Tonfilm gleichgewichtig zur Seite zu stellen und belegt dies mit Berichten über zu wenig beachtete oder vergessene Filmkunstwerke.

Das Exil zwang Kortner zu schriftstellerischer Betätigung als Stückeschreiber und Drehbuchautor. In den Nachkriegsjahren setzte er als Regisseur dem in Deutschland immer noch nachwirkenden hehren Staatstheaterklassizismus und dem wirklichkeitsfernen »Stil«-Theater beharrlich seinen die bitteren Wahrheiten betonenden Realismus entgegen.

Band 47